Q&A方式でサクッと読めて、すぐ分かる！

自由な時間を手に入れたい

… アクセンチュア

… サルタントが

その仕事、生産性ゼロです

働く時間は半減

仕事がもっとラクになる

周囲からも認められる

戦略コンサルタント／事業プロデューサー

山本大平

はじめに

この本を手に取ってくださったみなさま、ありがとうございます。

『その仕事、生産性ゼロです』というタイトルの何やら強いもの言いにちょっと驚かれている方、いらっしゃいますよね。「えっ私たちの仕事の生産性ってそんなに低いの?」と疑問に思われた方もいらっしゃることと思います。

実は、世界基準で見ると、とても低いんです、日本の生産性って。

OECDのデータに基づく2021年の日本の時間当たりの労働生産性は、米国の6割にも及ばず、主要先進7カ国のなかでは最下位、OECD加盟38カ国全体のなかでは27位。衝撃的な低さだと思いませんか? しかもこれは最近始まったことではありません。バブル期以前から景気に関係なく、大きく浮上することはありませんでした。

これを読んで、「こんなに毎日忙しいのに」「真面目にちゃんと働いているのに」と感じたあなた。その気持ちはよく分かります。でも、あなたが「当たり前」と思って日々やっていることのなかに、実は恐ろしいほどのムダがあふれている、それが今の日本の現状なんです。

ちょっと身の回りに目を向けてみてください。

成果を生み出さない定例会議、上司のハンコ待ち、上司が帰るまで部下も帰れない雰囲気、見栄えにこだわった社内資料……こんな生産性ゼロのあれこれに、あなたの大切な時間を奪われてはいないでしょうか。

そこで、この本では、そんなムダを見つけ出して手放すための方法や、生産性をアップする仕事のやり方をご提案したいと思います。

ところで、そもそもなぜ私が「生産性」に注目したのか。

それをお伝えする前に、私の簡単な経歴を説明させてください。

私は新卒でトヨタ自動車に入社し、新車開発のエンジニアとしてキャリアをスタートさせました。内装モジュールの担当として8車種の新車開発業務に携わりました。

その後いろいろと考えることもあって、TBSへ転職。入社時は完全アウェーな雰囲気でしたが、気づけばプロデューサーの参謀的な立ち位置に入れてもらうこともあり、ドラマ「日曜劇場」、スポーツエンターテインメント番組「SASUKE」、年の瀬の音楽の祭典「輝く！日本レコード大賞」といったTBSの看板番組のプロモーション、マーケティング、時には制作にも携わりました。

さらに、外資系コンサルティング会社のアクセンチュアへ転じ、経営コンサルタントとして各種企業のさまざまな経営課題に取り組み、経験を積んできました。

そして、キャリアのスタートから約15年を経て独立。企業のマーケティング領域や組織改革に特化したコンサルティング会社を立ち上げ、現在設立6期目に突入しています。

このように業種も文化も異なる会社を経験してきた私が、「生産性」というものを強烈に意識するようになったのはトヨタ時代です。トヨタといえば、「KAIZEN」。業務上のちょっとしたムダも全力で排除し、よりよくしていこうとする姿勢が会社の隅々にまで行き渡っているのがトヨタという会社でした。

例えば生産ラインなら、作業者が何歩歩いて次の作業へ移るかまでを測り、それを一歩でも減らそうとする。秒単位でムダを減らすことにこだわります。私自身も、生産性の低い会議を行ってしまい上司に叱られたり、終業時刻を過ぎても仕事をしていたら（と言っても30分ほどですが）、「まだやっているのか」とボソッと言われたり（笑）。そのなかでの学びはとても大きかった。

以来、仕事をするときには常に「生産性」を意識するようになりました。

私はトヨタからTBSへ、そしてアクセンチュアへと業種もカルチャーも異なる会社へ越境転職をしましたが、そのなかで私自身の「生産性」というものの捉え方や価値観も多角的になったような気がします。

そして、現在、私の会社では、組織改革や生産性向上に関する業務改革コンサルティングも行っています。これまでにコンサルタントとして関わった会社は300社以上。そのなかで感じるのは、前述したデータの通り、日本の会社の生産性は、特に米国に比べると圧倒的に低いと感じます。

その一方で、日本にも非常にイノベーティブでスマートな生産性の高い会社も存在します。そんな会社は時間的な余力が生まれるため、社員がみな生き生きして社内に活気がある。就業時間内にガッチリ仕事し、それ以外の時間は自分のライフの充実のためにたっぷり使う。そんなメリハリのある人生を楽しんでいる人が多いのも生産性の高い会社の特徴といえるでしょう。これまでにたくさんの会社と対峙《たいじ》してきて、生産性と活気は相関関係にあるようにも感じています。

この本を執筆するに当たって、約５００人のビジネスパーソンがアンケートにご協力してくれました。そして、そこに率直につづられていたみなさんの仕事の悩みや課題に関する声。これらを丁寧に受け止め、お答えしようと、この本はＱ＆Ａ形式でまとめました。

ここには、ムダを省いて生産性を上げる秘訣がたくさん書いてあります。

ムダな仕事を手放すことで生み出された時間を、あなたならどう使うでしょうか。

さっさと会社を後にして、あなた自身のライフの充実のために使うもよし。
大切な業務にその時間を投入して、質の高いアウトプットを目指すもよし。

まずは、生産性ゼロのその仕事、手放してみませんか？

目次

その仕事、生産性ゼロです

はじめに――002

第1章 生産性ゼロの仕事を手放してみる――015

Q1 いる仕事といらない仕事、どうやって見分ければいい？

Q2 毎日が会議だけで終わってしまう。どうすればいい？

Q3 作業時間を短縮する工夫は？

Q4 移動時間を減らすにはどうしたらいい？

Q5 生産性ゼロなのに、手放したくない仕事があるときはどうする？

第2章

生産性を確実に上げる仕事のやり方

スケジュール管理

Q6 忙しくて大事なことが後回しになってしまいます

Q7 スケジュール通りに仕事を進めることができません

Q8 取引先のアポをサクッと決めるには？

会議編

Q9 会議時間を短くするには？

Q10 会議で使用する資料の効率的なまとめ方&配布方法は？

Q11 会議のアジェンダどう設定すればいい？

Q12 会議の適正人数は？

Q13 会議でどう発言すればいい？

Q14 結論が出なかったときの会議はどうまとめる？

Q15 会議の議事録のまとめ方は?
Q16 手早、一発OKの報告書を作りたい
Q17 プレゼン資料作成のコツは?

チャット・メール編

Q18 チャットやメールに振り回されない方法は?
Q19 長いメールを書くのを、失礼にならずやめるには?
Q20 相手からすぐにメールで返事をもらうには?
Q21 メールの資料添付の効率的なやり方は?
Q22 イマイチ響かない、刺さらないとよく言われます。どうすれば?

COLUMN #1 トヨタ・TBS・アクセンチュア　3社に共通して必要なマインド——131

第3章 ストレスは生産性の天敵！賢い人間関係構築法――135

Q23 一人で仕事を抱え込まないためにはどうすればいい？

Q24 誰かに頼む仕事、自分でやる仕事……割り振りはどうしたらいい？

Q25 どう合わせる？ どう回避する？ 上司のタイプ別攻略法

Q26 チームに「働かないおじさん」がいたらどうする？

Q27 仕事を振った部下がイマイチ働かない。どうすれば？

Q28 職場の人とフランクに話せる関係になりたい、どうすれば？

Q29 上司にズバリ、ものを言えません。どうすればいいでしょうか？

Q30 仕事をお願いしたら断られた。どうすればいい？

COLUMN #2 私が転職をするとき気をつけていたこと――176

第4章 考え込む時間がもったいない！ムダのないアイデア発想法——179

効率的なアイデアの生み出し方は？

Q31 効率的なアイデアの生み出し方を知りたい

Q32 たいしたアイデアが思いつかずに会議に出席。自分はどんな役割をすればばいい？

Q33 磨き上げた企画を通すにはどうすればいい？

Q34 自分のアイデアに反論。どう乗り越える？

Q35 どうしてもアイデアが浮かばないとき、なんとかひねり出すには？

Q36 アイデアの引き出しを増やしておくために、何をすればいい？

COLUMN #3 さまざまな人と働くなかで、大切にしている言葉——207

第5章
やる気がない…を無くす方法——211

Q37 仕事のやる気が出ないときはどうすればいいでしょうか？
Q38 考える業務や考えない業務、分けて考える？時間配分は？
Q39 テレワークでついダラダラと仕事を続けてしまうときはどうすればいい？
Q40 集中力を途切れさせないための方法は？
Q41 やる気のない部下に、やる気を出させるには？
Q42 どうせ転職するつもりなので、やる気が出ません

おわりに——236

第1章

生産性ゼロの仕事を手放してみる

いつも仕事に追われている、
残業を続けないと仕事を終えられないという人は、
知らず知らずのうちに
生産性ゼロの仕事にまみれてしまっています。
まずはそれを手放すことが
仕事の効率を上げるための第一歩です。

Q1

いる仕事といらない仕事、どうやって見分ければいい？

片づけても片づけても仕事が終わらず、いつも時間に追われています。やたら時間がかかるわりに、たいして意味のない仕事もあって、ムダだなあと感じることも少なくありません。そんな日常業務のムダを洗い出して、生産性をアップさせたいと思うのですが、いる仕事といらない仕事は、どうやって見分ければいいのでしょうか。

A

何も生み出せていない仕事は潔く手放そう

何も生み出せていない仕事は、極端に言えばいらない仕事です。生産性を上げたいなら、真っ先にやるべきは、勇気を出して、いらない仕事（ムダな仕事）を手放してしまうことなんです。

例えば、今8時間かけてやっている仕事を4時間で終わらせようとしたら、新しい機械を導入するとかスキルアップに励むとか担当者を増やすといったことが必要になる。いずれにしてもコストや時間がかかってしまいますよね。

でも、いらない仕事を手放すのなら、今すぐできて、しかもノーコスト。つまり、生産性を上げるために、簡単で最強の方法なんです。

そこでこの質問ですが、いる仕事といらない仕事をどうやって見分けるか、ですね。あなたは「時間がかかるわりに、たいして意味のない仕事」をムダだなあと感じている。私も同感です。目をつけるべきはまさにそこ。

ある仕事がいるかいらないかは、その仕事にかけている時間やコストなどのリソースとそこから得られる価値のバランスを考えてみると分かります。

出席しても一言も発する機会すらない打ち合わせ、誰も二度と見返さない議事録の

作成など、なんの価値も生み出していない仕事は、リソースをかけているのに、成果が出ていないので、不要ということになります。さっさと手放しましょう。

また、あなたが「少なくない」と感じている、さほど重要でもないのに、やたら時間のかかる仕事。こちらもリソースをムダに割いているわけですから、いらないという判断ができそうです。あるいは、「やれるときにやる」とか「重要度を下げる」といったかたちで業務縮小を図る方向もありますね。

具体的に言うと、例えば「丁寧過ぎる資料」。これがコンサルティングファームのクライアントへの納品物といった対外的な「商品」であるなら、資料をミスなく見栄えよく作り込むことは求められるのかもしれません。

でも、社内資料の場合はどうでしょうか。社内会議で議論するための資料は、突き詰めると、議論ができさえすればいいのです。それなのに、**「グラフをきれいに整える」ことに時間をつぎ込んでいたとしたら、その作業こそまさに生産性ゼロ。**いらない仕事として手放すべきではないでしょうか？

会議の議事録はどうでしょうか。会議終了後、議事録担当が内容を清書して配布している会社は少なくないと思いますが、議事録って後で読み返しますか？ よほどの重要決議事項であれば必要かもしれませんが、9割方の議事録はめったに読み返さないですよね。

そう考えると、社内会議の議事録の目的は、その会議での議論の〝流れと結論の共有〟ということになる。だったら、**会議中、ファシリテーターが話を進めながらホワイトボードに要点を整理して、それを写真に撮って、後で関係者に配布すれば事足りてしまう。つまり、議事録担当も議事録作成作業も不要というわけです。**

他にもいらない仕事はたくさんあります。その仕事は、価値を生み出すのか、その価値は投下したリソースに見合うのか。こんなまなざしを自分の仕事に向けてみてください。そして不要だと思う仕事を思い切って、ばっさり手放してみること。それが生産性を上げるための第一歩になります。

片づけても片づけても仕事が終わらないというあなたは、もしかしたら、指示されたすべての業務にフルパワーで当たっているのかもしれません。でも、それでは疲弊してしまう。

あなたが勝負したい場所はどこでしょうか。かけるリソースとそこから得られる価値をにらんで、不要なものはしれっと手放し、力を抜くべきところは抜き、ここぞというところで勝負をかける。そうすればきっともっと仕事を楽しみながら、もっと生産性高くできるようになるはずです。

ついでに言っておくと、きれいな資料はＡＩが書いてくれる時代が近づいてきています。会議の音声を録音しておいて、ＣｈａｔＧＰＴにでも「今日の会議の議事録、要点だけ整理してまとめておいて、できれば見やすくね」と指示して、はい完成、という未来がもうそこまで来ていますので、現状でムダだと思っても我慢して続けてきた資料作成も、どんどん手放していったほうがいいと思います。

生産性ゼロポイント

✓ 不要な仕事は生産性ゼロ。
思い切って手放すことで生産性は大きくアップ

Q2

毎日が会議だけで終わってしまう。どうすればいい？

コロナ禍を機に会議のほとんどがオンラインに切り替わり、このまま定着しそうな感じです。オンラインだと日程を調整しやすいこともあり、会議の数はコロナ前よりもかなり増えました。気がつけば1日中会議に追われていたという日もあって、仕事になかなか集中できません。どうしたらいいでしょうか。

A

会議は議論する場。
情報共有だけのために会議を行う必要はありません

この問題のソリューションはただ一つ。不要な会議をしないことに尽きます。会議とは、「わざわざ人が集まって議論をしないといけない場」のことであると、私は定義しています。

そう考えると、毎週の営業成績の確認やマネジメント層の精神論の訓示、雑談などが行われるだけの、よくある「定例会議」は、「会議」とは呼べないことになりませんか？そんな会議とは呼べない、何も生んでいない生産性ゼロの会議が、あちこちで行われているのが日本の現状。経営コンサルタントを長く続けているとそういった会議によく遭遇します。

では、これを必要なものだけに絞り込むにはどうしたらいいのでしょう。会議が必要かそうでないかの判断基準は難しく考えちゃダメ。

例えば、「報連相」（＝報告・連絡・相談）という言葉がありますよね。このうち、**「報告」と「連絡」のためには会議開催の必要がない場合がほとんどです。**今の時代はGoogle Driveに情報を載せて共有する、Slackなどのチャットツールを使うなどの方法で「報告」と「連絡」はできてしまう。

そう考えると、**会議が必要になるのは、残る「相談」だけ。**なので、会議を主催する側になるときは、その会議の目的や議題が、本当にわざわざ集まって相談すべきものなのかどうかをよく考えること。

また、**もし、あなたの呼ばれた会議が「報連」のためのものである場合は、主催者に開催理由を尋ね、出席する意義を感じなければ出ないという選択もありだと思います**（もちろん、主催者に丁寧にコミュニケーションを取った上で、ですよ）。

生産性ゼロポイント

「報連」のための会議は生産性ゼロ。
会議はわざわざ集まって議論する必要があるときだけに

Q3

作業時間を短縮する工夫は？

手際よく仕事を進めることができません。無理な分量の仕事を詰め込まれているわけではないのに、いつも期限に遅れそうになり、残業や持ち帰りでなんとか間に合わせる始末。同僚が同じような仕事をサクサク余裕で仕上げているところを見ると、問題は私の処理能力の低さにあるようです。作業時間を短縮するコツを教えてください。

A

「問題解決の型」を持てば、処理速度を上げることができます

仕事には、大きく分けて「問題解決型の仕事」と「クリエイティブ型の仕事」の2種類があります。

クリエイティブ型の代表例ともいえるのが、TBS在籍時に私も一時担当していた番組制作の仕事。オモシロイモノが生み出せるまでエンドレスで働き、さらにオモシロクするためなら、たとえオンエアの直前であっても、それまでに作り上げたものに迷わず手を加える、そんな世界でした。

クリエイティブの世界では、時間当たりどれだけ成果を上げたかという指標がなじみません。おそらく、広告制作や雑誌、ウェブのコンテンツづくりなども似たような世界なのではないでしょうか。

また、こういったクリエイティブ型の仕事の場合、その仕事から得た経験が自分の将来にとってムダか・ムダでないかの切り分けがしづらい。というのも、後になってひょんなことで生きてくることがあるんですよね。

ムダなことは一つもないと言ってもいいかもしれません。一方、**問題解決型はそうではありません。ムダな業務やいらない作業が潜んでいることも。**問題解決と言っている以上、「答え」があるわけですから。

そして、「仕事が遅い」と言われる場合は往々にして、ムダな作業が積み重なることによるスローテンポが原因です。つまり手が遅いのではなく、**いらない作業が存在していたり、そこまで丁寧にやらなくてもいいことに時間をつぎ込んでしまっていたりするケースが多いから**です。

さて、ご質問のあなたは問題解決型の仕事をされていて、「作業時間を減らすコツ」が知りたいのですね。そして、その目的は「時短」そのものではなく、「処理能力の高い私」になること。とてもいいですね。処理能力が上がれば、「時短」は自然にかないます。

それではなぜ、あなたは同僚のようにサクサク仕事を進められないのか。例えばこんなことはありませんか。

- 書類の作成中に、「うーん」と考え込んでしばらく手が止まってしまう
- データを一つ示せば済むところで、手の込んだ資料を作ってしまう

●成果と直結しない不要な情報を大量に集め、その読み込みに長時間かけてしまう

サボっているわけでも手を抜いているわけでもなく、むしろその逆。よりよい成果を上げようとして考えたり行動したりしたことが、結果的には成果に結びつかない。どうすればこんな負のスパイラルを抜け出せるでしょうか。

そこでお勧めしたいのは「問題解決の型」。やみくもにゼロから考えるのではなく、**毎回「型」に当てはめてパターン化して思考することで、効率よく問題の原因を見極め、解決策を導くことができます。**

「問題解決の型」はたくさんあるのですが、イメージをつかんでいただくためにその一つを紹介します。

これは私がトヨタに勤務していた時代に徹底的にたたき込まれ、そして今も活用している方法。正確に言うと、今はこの型を自分仕様に改善して活用しています。世界トップクラスの外資系コンサルティング会社にも問題解決のためのフレームはあるようですが、ほとんどの問題は型に沿って思考を進められます。

そして本書では、のちほど「会議中のホワイトボードのまとめ方の型」としても取り上げますが、実は、短時間の会議で議論を進め結論を導くことと、手早く課題を分析し解決策を見つけることは、思考の流れも必要なスキルもほぼ同じ。つまりこの型を身に付ければ、どちらにも応用できるというわけです。

では、ここから思考の流れを簡単に説明しますね。

まず、**課題を大ざっぱなものから細かく具体的で問題点が明確に見えるかたちに落とし込みます。**「粒度を細かくする」とか「解像度を上げる」と言ったほうが分かりやすいかもしれません。

問題解決のフレームワーク（型）

③ 対策検討

真因A（不安はないが）寝る前に目がさえてしまう

対策案	スケジュール		
①寝る前に 寝室でアロマをたく	勉強 → 購入〜配送 → 評価 → ・ネット検索 ・書籍購入 ・ヒアリング ・2種類の アロマを試す	JUDGE	再検討期間
②寝る前にストレッチを行う	すぐに実施 →		
③ヒーリング音楽を 聴きながら寝る （スマホ用イヤホンを購入）	勉強 → 購入〜配送 → 評価 → ・ネット検索 ・複数の 音楽で試す		

2週間後

真因B 枕が経年劣化で合わなくなってきている

対策案	スケジュール		
④枕を買い替える （硬さ調節可能な仕様にする）	勉強 → 購入〜配送 → 評価 → ・ネット検索 ・ヒアリング ・ネット ショッピング ・ビーズの量を 変えてみて 硬さ調節	JUDGE	再検討期間

2週間後

真因C 朝方の窓から入るカーテン越しの光がまぶしい

対策案	スケジュール		
⑤今より遮光度の 高いカーテンを購入する	様子見 → 以前は眠れていた事実があるのと、費用がかさむため、上記①〜④の対策で問題が解決するかどうかを見極めてから購入を検討	JUDGE	再検討期間

2週間後

④ 次回打ち合わせ

2週間後に各評価結果を持って打ち合わせ実施

・効果があった場合は継続すべき内容を絞り込む
・効果がなかった場合は別途対策立案をやり直す

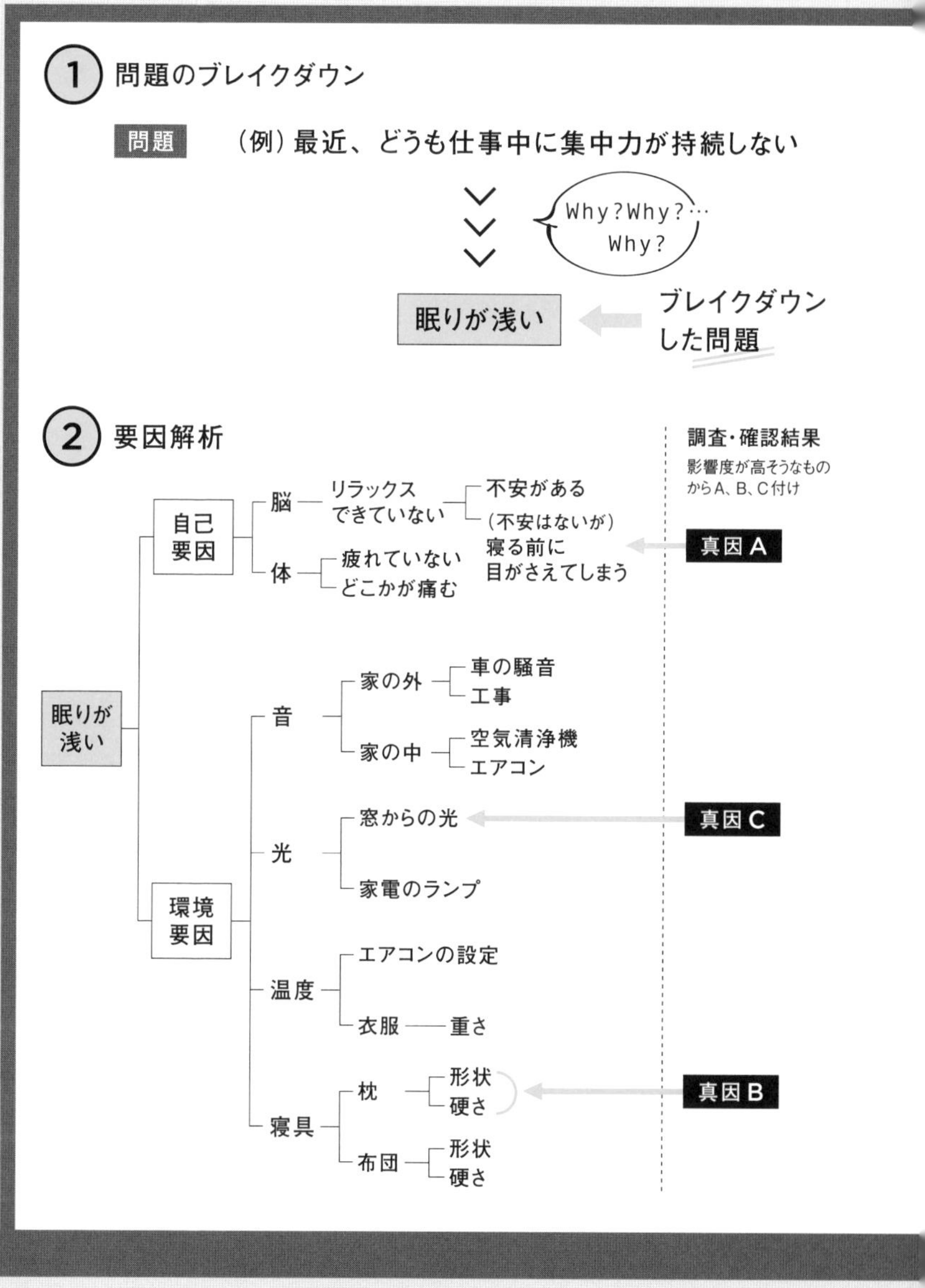

1 問題のブレイクダウン
問題
（例）最近、どうも仕事中に集中力が持続しない
Why?Why?…
Why?
眠りが浅い
ブレイクダウンした問題
2 要因解析
調査・確認結果
影響度が高そうなものからA、B、C付け
眠りが浅い
自己要因
脳
リラックスできていない
不安がある
（不安はないが）寝る前に目がさえてしまう
真因A
体
疲れていない
どこかが痛む
環境要因
音
家の外
車の騒音
工事
家の中
空気清浄機
エアコン
光
窓からの光
真因C
家電のランプ
温度
エアコンの設定
衣服
重さ
寝具
枕
形状
硬さ
真因B
布団
形状
硬さ

例えば「最近、どうも仕事中に集中力が持続しない」という問題があったとしましょう。このままでは漠然とし過ぎていて、検討しづらいですよね。

そこで、なぜ集中力が続かないのか？ ↓ なぜ？なぜ？なぜ？ ↓眠りが浅いからだ。ここまでブレイクダウンして突き止めてしまうことができれば、あなた以外の方々を交えて議論しやすくなります（31ページ参照）。

そして解くべき問題を「眠りが浅い」と設定しアジェンダ化します。

次にその要因の分析です。31ページの図のように、眠りが浅い要因を環境要因と自己要因に大きく分け、漏れなくダブりなく要因を細分化してシンプルで小さな要素に分けていきます。

なぜこんなことをするのかというと、問題に対して最も足を引っ張っている要因（＝真因）を適切に見つけ出すため。これを「真因特定」といいます。問題への影響力を明らかにする過程では、データを集めたり現地現物、当事者をあたってで真実かを確認したりという作業が必要になります。

また、真因が一つでないこともあるので、その場合は、**影響度を分析して、高いものから2つか3つに絞り込み、ABCのランクづけをしてしまうと分かりやすい**です。

次にそれらの真因について、**一つずつ解決するための対策案を検討します。**このとき、情報収集や調査などが必要になる場合が多いでしょう。その場合は日程を切ってそれらを終了させ、対策案それぞれの効果を分析し、実行するべきものを選び出して、スケジュール化した上で実行に移す。後日、必要に応じて再検討を行います。

振り返ると、**問題のブレイクダウン→要因の洗い出し→真因特定→対策の検討**の順ですね。この型に沿って思考すれば、必要のない調査や情報収集に時間を使ったり、思考がストップして手が止まってしまったりすることもなくなり、ムダな時間も削ぎ落とせます。

もっとも、最初からスンナリいくわけではありませんが、何度も訓練することで、あなたにこの型が定着してきます。今でも私はクライアントの問題解決を行うときは、この流れを崩さないように進めますが、関係者の議論や思考が発散しないという効果もあって会議もスムーズに運び、非常に喜ばれます。ぜひ使ってみてください。

生産性ゼロポイント

✓ 問題解決の型（流れ）に当てはめれば、生産性ゼロの情報収集や調査も不要。関係者にも喜ばれる

Q4

移動時間を減らすにはどうしたらいい？

営業の仕事をしています。取引先が都内に点在していて、一日の大半を移動に費やしている感じです。電車の中では情報収集をしたり、パソコンを開いて書類を作成したりして活用しているつもりですが、できることには限度があります。移動時間そのものを減らすためにはどうしたらいいでしょうか。

A

一対一での対面仕事はオンラインで！　リアルな移動はまとめて

移動時間はなんとか減らしたいですよね。さまざまな企業の担当者から同様の相談を受けることは少なくありません。

そんなとき決まって勧めているのが、もっとテレワークを活用しましょう、ということ。テレワークは、働く場所の選択肢を広げるだけでなく、移動時間から私たちを解放してくれた。**ここぞというときだけは対面、あとはなるべくテレワーク！くらいで考えるとバランスがいいかもしれません。**

取引先を一人で訪問し、先方も担当者が一人で対応するというケース、かなり多いのではないでしょうか。こうした**一対一の対面でのやり取りは、「はじめまして」の挨拶をする初回の顔合わせは除くとしても、それ以外はテレワークに置き換え可能**だとは思いませんか？

そもそもウェブ会議で問題が生じやすいのは、参加者が3人以上の場合です。例えば、一人の投げかけた問いに対して、2人が同時に話し出し「あわわ」となる。ウェブ会議あるあるですよね。

双方譲り合って会話が止まってしまうこともあるし、発言がかぶるたびに、口をつぐんでしまう人と、かまわず話し続ける人が出てきて、ずっと話す人とずっと黙っている人に分かれてしまうことも。対面なら問題にならないことが起こりやすい。

でも、一対一ならウェブ会議でもその心配はなく、普通に会話することができませんか？　互いに**Wi-Fi環境の良い静かな場所で、カメラをオンにすれば、対面と比べて何の遜色もなく話し合うことができ、しかも移動時間はゼロになります。そもそも一対一の非対面コミュニケーションは電話で慣れていた人が多い**、ということも影響しているのかもしれません。

なお、**テレワークのポイントは参加者のカメラを常にオン**にすること。

心理学の法則の一つである「メラビアンの法則」をご存じでしょうか。**コミュニケーションにおいて影響を与える割合は、視覚情報が55％、聴覚情報が38％、言語情報が7％というもの**。話をしている相手がどんな表情でいるのか、視覚からキャッチしたものに私たちは大きな影響を受けているのです。

メラビアンの法則とは？

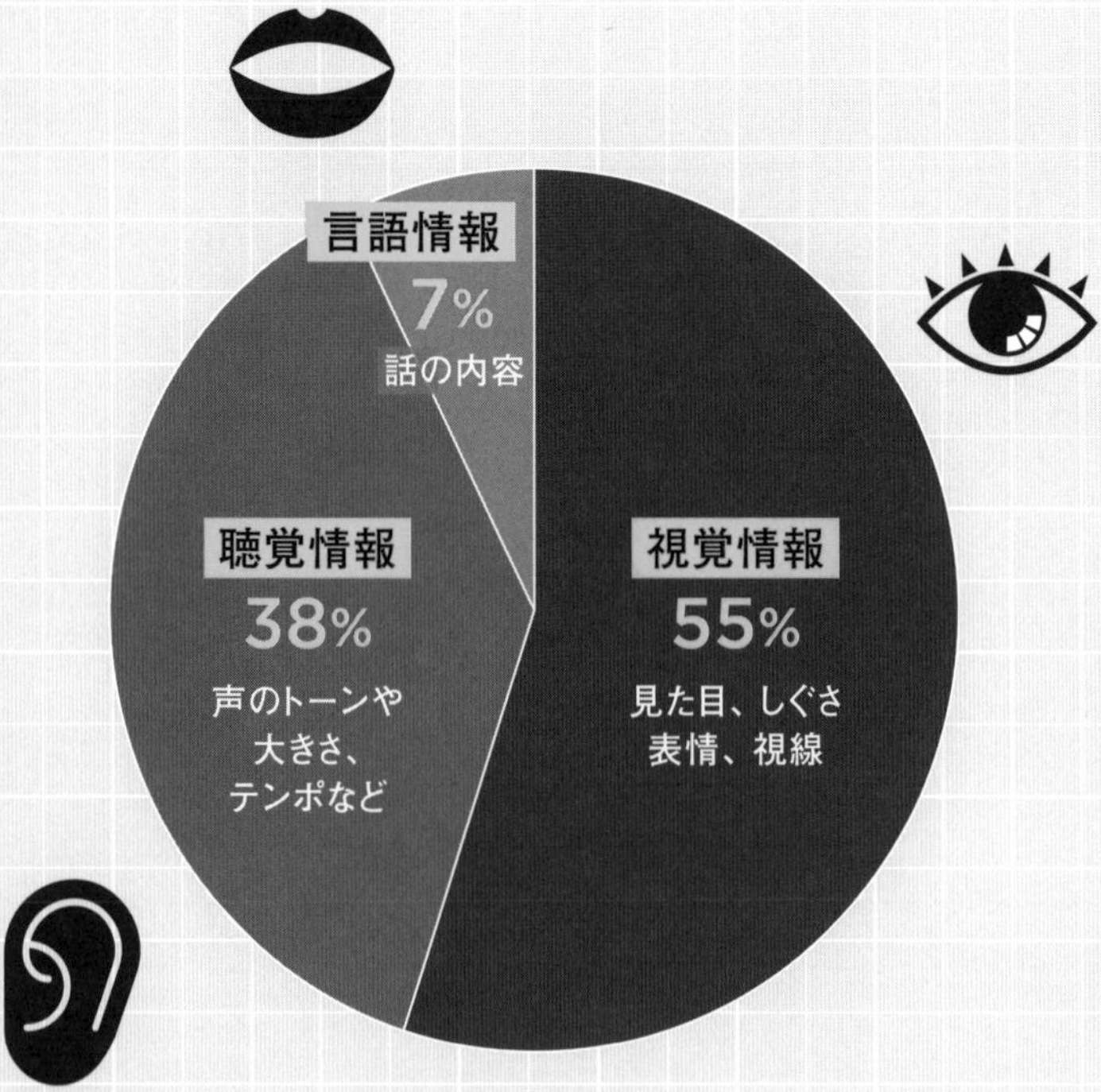

言語情報
7%
話の内容
聴覚情報
38%
声のトーンや
大きさ、
テンポなど
視覚情報
55%
見た目、しぐさ
表情、視線

となれば、ウェブ会議でもカメラを使わない手はありませんよね。**情報量をわざわざ削ぎ落とすのはお互いにとってもったいない。**

また、対面での会議が必須になる場合は、**移動効率を合わせて考えてみましょう。対面会議はなるべく1日にまとめるのです。**スケジュールの組み方を工夫して、**例えばA社を訪問するときに、近隣のB社やC社も同日に回れるように予定を組む。沿線のD社にも立ち寄れるように段取る。**といった具合に工夫ができれば、トータルの移動時間を大きく削減できますよね？

取引先も一緒にまとめて動くことで時間短縮を図り、生産性をアップしましょう！

生産性ゼロポイント

✓ **移動時間中は生産性ゼロ。**
ウェブ会議をフル活用し、移動時間を実質ゼロにする

Q5

生産性ゼロなのに手放したくない仕事があるときはどうする？

ほとんど何も生み出せていないにもかかわらず、「いらない」と切り捨てられない仕事があります。「将来回収できる」という読みでもあればいいんですが、残念ながら未知数。でも、なぜか心が動いて手放したら後悔しそうです。コスパを考えれば、やるべき仕事に集中したほうがいいに決まっているのですが……。手放さなきゃダメですか？

A

目先の成果が上がらなくても、手放す必要のない仕事もあります

この本の冒頭で、何も生み出せていない仕事は、極端に言えば「いらない仕事」。勇気を出してばっさり手放してしまいましょう、とお伝えしました。

例えば、営業成績を伝えるだけの会議であったり、1人の上司に報告するだけのために多くのリソースを割いて作った資料であったりするなら、「生産性ゼロ」ですから、「いらない」と手放してしまって構いません。

でも、**ここに「時間軸」を持ち込むと、世の中そんなにスパッと割り切れることばかりではないことに気がつきます。**

今のあなたがまさにそう。今やっていることは、生産性がゼロに近い。でも将来はどうか？　のちのち回収できるかもしれないし、できないかもしれない。やってみなきゃ分からない。悩みますよね。

もしかしたら、私の経験が参考になるかもしれません。

私は現在、データサイエンスのスキルを強みに、ＡＩを活用した領域での経営コンサルティングを行っていますが、もともとデータサイエンスには強い興味はありませんでした。興味を抱いたのはトヨタ時代です。製品を量産したときに多少のバラツキが生じますが、そのバラツキの品質までをも管理するといった必要に迫られて、統計学、つまりデータサイエンスを「このジャンルの勉強は重たいなあ、気が乗らないなあ」と思いながら始めたんです。

ところが、勉強が進むうちにどんどん面白くなり、いつしかすっかりハマってしまった。途中からは「仕事」という感じではなくなり、トヨタグループのデータ分析のコンテストで優勝もしました。

量産車を造るならもうそれで十分というレベルに達した後も、**勢いづいた私は勝手にどんどん学習を進め、気づいたら自分の「武器（特技）」と言えるものになっていました。**そしてそれが自社の稼ぎ頭であるＡＩコンサルティング事業につながっています。つまり、データサイエンスについて、私は完全に「食わず嫌い」だったわけです。

何が言いたいかというと、**心を閉ざさずチャレンジしてみたほうがいいこともあるということ。**その際、ある程度時間をかけて取り組むことが必要で、そうしないと自分の成長の機会を失ってしまうかもしれません。やってみてはじめて楽しさが分かる、そして後になって全然関係ないことで役に立つ、ということもあるようです。

あなたが手放せないでいるのは、こんな仕事ではないでしょうか。かけている時間や労力に見合う成果がこれから先、上げられるかどうかは分からない。でも、今、手放したらたぶん後悔する。ああ、よく分かる、と感じる読者の方もいるのではないでしょうか。私もそうでしたから。

結論は、今、それを手放す必要はありません。**人生には、長いスパンで取り組んだほうがいいことがたくさんありますから。仕事においても、それはある。そんな仕事については、コストパフォーマンスは度外視することです！**

なぜなら、コスパにとらわれ過ぎると、ゆくゆく大きな実を結ぶかもしれない可能性をみすみす潰すことにもなりかねないから。

とりあえずやってみて、あなたの**心が動いたとしたら、あなたは仕事のなかから特別な「何か」に出合えたのでしょう。**それはすごく幸せなことだと思います。

私の場合は「本を書くこと」もまさにそれに当たります。何冊か著書がありますが、1冊仕上げるのにかける労力たるや半端なく、コスパだけを考えたら本業にまい進すべきなのは間違いありません。

よく売れた本もあるけれど、その本でさえ注いだ時間をコスパ換算すると、時給ほぼ1000円くらいかもしれません（恐らく）。つまり、とにかく稼ぎたいという思いだけなら、本を書かずに本業である経営コンサルタントとして一社でも多くのコンサル業だけに時間を費やすべきですが、**執筆業の時間は、今の私にとってお金には代えられない時間なんです。**

それからもう一つ、これは予想もしていなかったのですが、本を世に出したことによって、結果的にたくさんの「出会い」という貴重な無形の財産を手に入れました。

例えば、私は、音声コンテンツプラットフォームの「Ｖｏｉｃｙ」で、ビジネス本の著者の方々との対談も配信しています。相手は今をときめくその道のプロの方々。そんな方々が私からの対談オファーに快諾し、対談のために時間を割いてくれるという、とてもありがたいことが起きています。

こんな状況になったのも、私が本を書き、その本が運良く広まったからです。そして、さらにありがたいことに、本を書くたびに、講演でたくさんの読者のみなさんとの出会いにも恵まれることになりました。これらの出会いやご縁は決してお金では買えないプライスレスなものです。

この本では「ムダを省いて生産性を上げれば仕事はもっと楽しくなる」ということをお伝えしています。でもその一方で、**「エネルギーを注いでもいないのにエネルギーリターンは生まれない」ということもまた真実。つまり、「何かにエネルギーを注がないと、何も得られない」のです。**

だからこそ、そんな「何か」に出合えたのなら、じっくりと、そして全力で向き合ってください。私もそうしています。その仕事に意味があるかどうかを見極める際には、短期目線と長期目線の両方が必要なのかもしれませんね。

生産性ゼロポイント

✓ 目先のコスパばかりにとらわれると、将来の可能性を潰してしまうこともある

第2章

生産性を確実に上げる仕事のやり方

生産性が低いのは
仕事のやり方に工夫が足りないから。
少しの工夫で生産性はぐっとアップします。

Q6

忙しくて大事なことが後回しになってしまいます

いつもとても忙しく、提出期限の迫った案件を処理することにひたすら追われる毎日です。時間をかけてじっくり取り組むべき重要な案件も同時に抱えているのですが、目先の仕事に追われて手がつけられないまま期限が接近。結局、大事な仕事ほどバタバタとやっつけ仕事で終わらせるという悪循環に。どうしたらいいのでしょうか。

A

緊急度と重要度のかけ算で優先順位を決めよう

質問は、提出期限まで1日、2日でパパッと手早く処理しなくてはならない案件と数日から数週間かけてじっくり取り組むことが必要な重要案件が、同時進行しているケースですね。

しかもあなたはとても忙しい。次々に入ってくる緊急度の高い案件の処理に追われ、気にはなりつつも重要案件は後回し。ハッと気づいたら重要案件の期限は目前。焦ってじっくり考える余裕もなくギリギリで提出。ああ、もう少しデータを精査したかった。もっと突っ込んだ分析ができなかったのか、と悔やむ間もなく次の緊急案件が降ってきて……ということの繰り返し。まさに悪循環ですね。

大事なことを後回しにしてしまうのはなぜか。

考えられる要因の第一は、あなたが仕事の優先順位をつけられない、あるいは優先順位をつけ間違えているのではないかということ。

ある仕事の優先度を決めるのは、その仕事がどのくらい急ぎか(=緊急度)と、どのくらい重要か(=重要度)が判断軸となります。

50ページの図を見てください。縦軸に重要度、横軸に緊急度をとると、すべての仕事

重要度・緊急度マトリクス　目的：観点・概念の整理

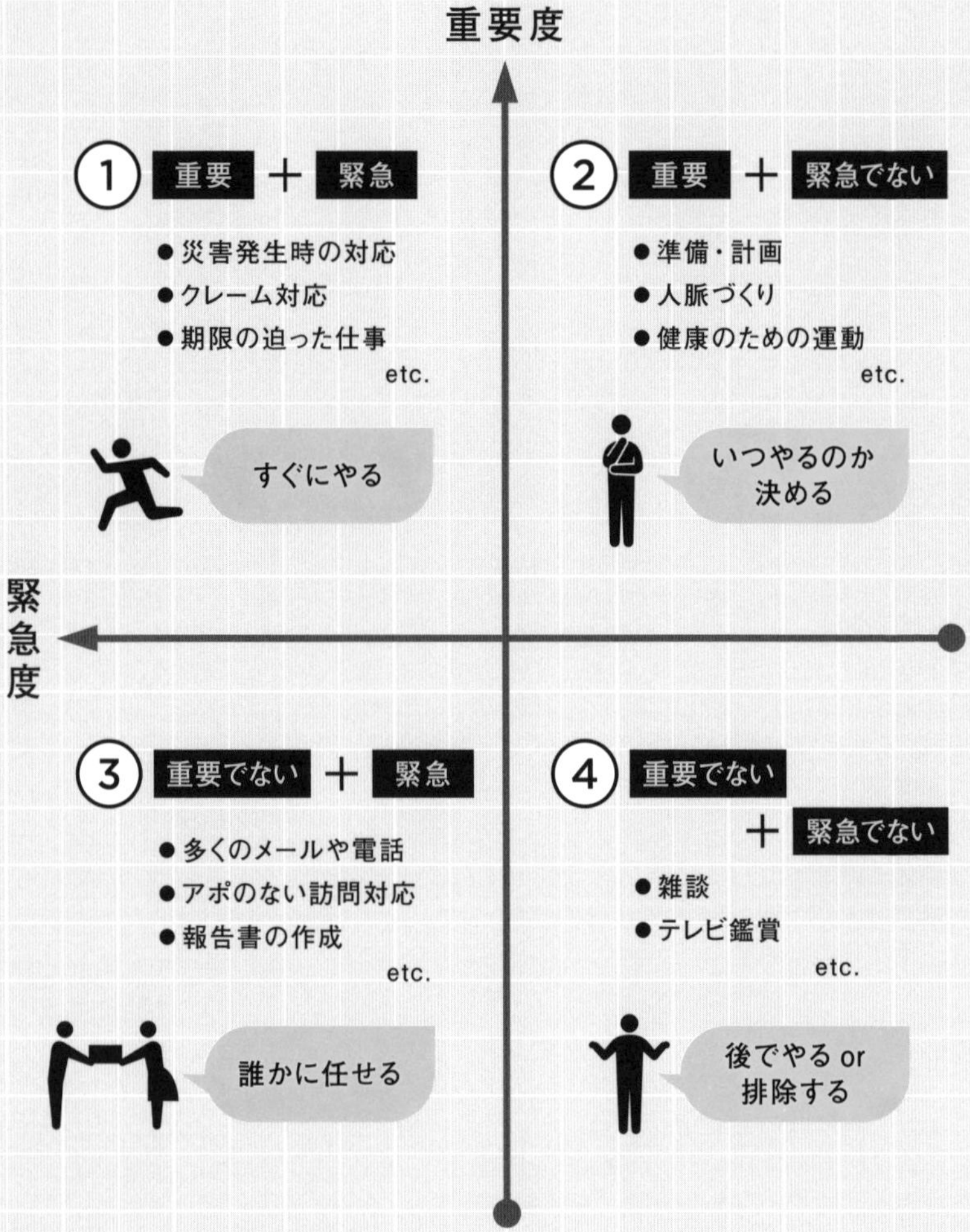

は次の４つに分類することができます。

1　重要度が高く、緊急度も高い仕事
2　重要度は高いが、緊急ではない仕事
3　重要ではないが、緊急度が高い仕事
4　重要ではなく、緊急でもない仕事

あなたが悩んでいるのは、重要だけれど提出期限まで少し間があると思っていた仕事の期限が差し迫っているときではないでしょうか。

日々の仕事に追われていたら、急に緊急度の高い仕事が入ってきた。とにかくやらなきゃ。ああでも、そうこうしているうちに、じっくり考えて進めようと予定していた重要な仕事に費やす時間がなくなってしまって……。そんな感じでしょうか。

なぜこうなってしまうのか。
ここで、あなた自身の優先度のつけ方を振り返ってみましょう。

あなたは重要度と緊急度、どちらが「時間軸」で大切だと考えていますか。あくまで「時間軸」で考えていきます。**結論は緊急度を優先すべきです。**タスクの優先順位をつけることが苦手な人に多い特徴が、「重要度」を優先してしまうということ。突発的なことが起きる可能性を無視して、重要度だけで優先順位を決めてしまう……。これは「あるある」な落とし穴なんです。

日々、社会も会社も情報が動いていますので、突発的な出来事、トラブルやアクシデントが起きて当たり前。**取り組むタスクは、「時間」が優先されるビジネスの世界では、あくまで緊急度を優先する必要があります。**

つまり、**優先度は、「重要度は高いが、緊急でない仕事」＜「重要でないが、緊急度が高い仕事」**です。緊急度が低い前者は潔く後回しにしてかまいません。

このマトリクスで考えるときに陥りがちなことは、**重要なだけなのに、「緊急」の意味までをも含ませてしまうこと。**「緊急＝急ぎ」、「重要＝インパクト大」、というように言葉を定義してから、このマトリクスに自身のタスクを当てはめるとよいかもしれません。

さらに、大事なことを後回しにしてしまうもう一つの要因は、「仕事の分量があなたのキャパをオーバーしていること」。

特に仕事のできる人ほど、仕事を頼まれやすい傾向があります。ここは、**自分を鳥の目で見つめて、仕事量を減らせないかという観点から仕事全体のやり方を見直してみましょう。**生産性を上げるためにこそ、余裕を生み出すことを考えなくては。誰しも体は一つです！

もし、緊急な仕事があるのにあなたが体調がイマイチだなと感じたら、その日の仕事は即ストップ。体調不良が続けば、提出期限を守れず誰かに迷惑を掛けることになってしまいます。

それは絶対防ぎたいですよね。だから、アクシデントの芽に気づいたら、それを前提として備えましょう。

そういう事態が起こり得るかもしれないので、**「緊急度が高い仕事ほど余裕を残して先に済ませておく」**べきなのです。

ここで、50ページのマトリクスを見てください。**緊急な仕事は先にやりきり、いつあなたにアクシデントが起きてもよいような状態にしておくこと。**つまり、優先順位は高い順に1→3→2→4です。

ではキャパオーバー気味のあなたは、この現状をどうすればいいのか。

簡単です。仕事を手放しましょう。「重要ではないが、緊急度が高い仕事」と「重要ではなく、緊急でもない仕事」は、あなたがやらなくてもいいのではありませんか。

あなた以外の誰かができる仕事をあなた一人で解決する、といった考え方も捨てましょう。もし「すべての仕事は私にしかできない」なんて思っていたらそれはあなたの奢《おご》りです。仕事はチームでするものが大半です。たとえあなたが退職しても会社は回るものですからご安心ください。

特に「重要ではないが、緊急度が高い仕事」や「重要ではなく、緊急でもない仕事」は後輩に任せてもいいし、外部の業者にアウトソーシングする方法もあります。緊急事態になっても誰も困らないように事前にマニュアル化しておくとよいでしょう。

理想を言えば、**余裕があるときに仕事を誰でもできる状態に標準化すること。あなたが持っているノウハウは普段から惜しみなく、仲間に伝授して標準化するようにしてみてください。**

生産性ゼロポイント

✓

緊急度と重要度の定義をあやふやにしない。

手放せることは誰かに委ねる。

極めつきはすべての仕事を社内で標準化する

Q7

スケジュール通りに仕事を進めることができません

スケジュール通りに仕事を進めることができません。仕事が入るとすぐ、タスクごとの所要時間を見積もっていつやるかを決め、あらかじめ十分な作業時間をスケジュールに確保しておくようにしています。ところがそれがどんどんズレてしまって……。日々のＴｏ Ｄｏリストも同様で、これではリストを作る意味がないように思え、虚しささえ感じてしまいます。

A

To DoリストとスケジュールをGoogleカレンダーに集約させて

なるほど、これは確かに虚しいでしょうね。厳しいことを言ってしまうと、労力をかけて実現できないスケジュール表や意味のないＴｏ Ｄｏリストを作るくらいなら、その時間を使ってタスクを一つでもこなすことをお勧めします。

でもこの話、実はよく聞くお悩みです。**こういうスケジューリングは多くの人がやっていて、私の知る限り、そのほとんどがうまくいっていません。**

いったい何がいけないのか。

あなたは、仕事が入ってきたらまずタスク（＝仕事を構成する小さな単位の作業）を書き出して、それぞれの所要時間を見積もっていますよね。ここまでは必要な作業だと思います。

ところが次に「タスクAは○日の○時～○時」「続くタスクBは△日の△時～△時」というふうに、空き時間にタスクを全部埋め込んで作業時間を確保してしまう。

でも、ちょっと考えてみてください。もしも、緊急の案件が持ち込まれて数時間かかってしまったら、もしも体調がすぐれず通常のスピードで処理できなかったら……。以降の作業はすべてズレてしまいますよね。あくまでＴｏ　Ｄｏ化するタスクは前後に余裕がある時間帯を設定することをお勧めします。突発的な事態が起きても前後にそのタスクをずらせばいいだけですから。

つまりスケジュール表に、自分のＴｏ Ｄｏ作業予定を書くときに**「スケジュール通りに進みません」ということになるのは覚悟の上で書き込んでください。**

そして、基本的に**「何時何分に何をする」といったスケジュールは、自分の都合では動かせない「相手」のいる予定を書きます。Ｔｏ Ｄｏの作業はその空き時間に「視える化」目的に書く、あるいは他者に会議を入れさせない目的**で書けばいいのです。完全に固定化すべきは相手ありきの会議、セミナー、来客、取引先とのアポなど。これらは基本的にスケジュールが途中でズレることはありませんよね。

ですので、

① **「相手ありきの仕事」と「自分の作業」を切り分けてスケジュール表を使う**
② **Ｔｏ Ｄｏリストは自分だけの作業だけを書く（しかも重要なタスクだけ）**

③ **相手ありきの予定が埋まったスケジュール表に②を自己防衛的に反映しておく**

がいいと思います。

では、仕事の管理はどうするのか。61ページを見てください。

これは、Ｇｏｏｇｌｅカレンダーと重要なタスクだけのＴｏ Ｄｏリストとを連携させて表示したものです。**カレンダーのメイン部分には、会議や取引先とのアポなど「相手のいる予定」が書かれ、Ｔｏ Ｄｏリストには、自分だけの作業が期限の早い順に並べてあります**（それがメイン部分に、反映されます）。

ちなみに、「○時までにパワポ資料5ページまで作成」「○時にB社へメール返信」「○時にC氏へアポ入れ」など、その日に行う細かい作業を並べたデイリーベースのＴｏ Ｄｏリストを毎朝作る人がいますが、これは絶対にやめておきましょう。**Ｔｏ Ｄｏリストに書くのは重要な作業だけ。**細かいＴｏ Ｄｏをたくさん敷き詰めても、緊急の案件が入ってきたら、リストそのものを作り直さなければならず、ムダな仕事が増える

To Doリスト雛形（Gカレンダーに集約させる）　目的：タスク管理

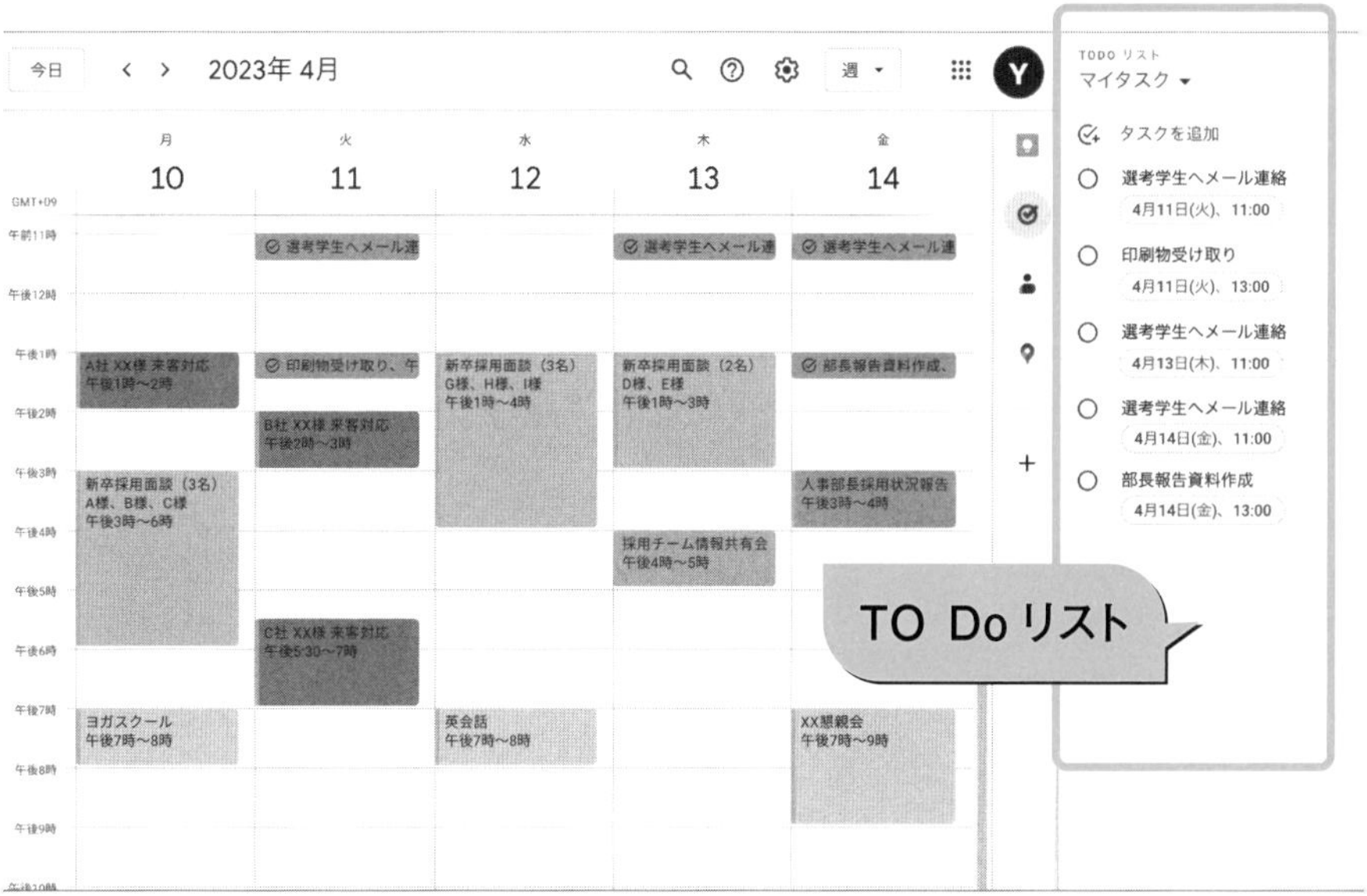

だけ。ＴｏＤｏリストの修正に時間を充てるなんて本末転倒です。

また、Ｇｏｏｇｌｅカレンダーは、ＴｏＤｏリストの項目に日時を設定すると、それが自動的にスケジュールにも表示されます。だから、カレンダーを見れば案件ごとの期限が一目瞭然。

ここまで可視化できていれば、期限から逆算して、例えば報告書提出が28日だから事前の情報収集を25日ごろまでにやっておこう、といった自分の中での把握（失念防止）のために役立ちます。

生産性ゼロポイント

✓ スケジュールは、「相手ありきの仕事」と「自分の作業」に切り分けて活用すればスマートに整理できる

Q8

取引先のアポをサクッと決めるには？

取引先に連絡を入れて、打ち合わせを打診し、スケジュール調整をして日程を決定するということが頻繁にあるのですが、最初の申し込みから相手の日程を押さえるまでに、毎回メールで3〜4往復は必要になります。さすがにムダが多いなあと感じています。なんとかサクッと決める方法はないでしょうか。

A

アポ入れ&スケジュール調整は、メールより電話で

そんなときこそメールではなく電話を使いましょう。

スケジュール調整は相手に候補日を出してもらい、それについてこちらの都合を伝えてすり合わせるというやり取りが発生するので、メールだとどうしてもラリーが続いてしまいます。

メール自体は数分で書けたとしても、送信後相手からの返信を待つのに、タイミングが悪ければ2~3日くらいかかることもあります。これを2~3往復もしていたらその日のうちに決め切るどころか打ち合わせはどんどん後ろ倒しに……。

これが電話だったらどうでしょうか。「○日か○日なら空いています」「では、○日にしましょう。場所は○○でお願いします」。

時間にして3分足らず。先方が決定事項を確認しやすいように、電話の後にでも「それでは、○日○時に○○で打ち合わせ よろしくおねがいします!」とメールを1件送っておけば、相手との認識ずれも起きず、こちらも安心ですよね。

電話は相手の時間を奪うものとして、近年では避ける傾向がありますが、電話が鳴ったときに、忙しければ、相手は電話に出られないはずですから、必要以上に電話を避けることはないと思います(メールのほうが時間を奪ってしまうこともあります)。

それよりも、所要時間の違いに注目してください。スケジュール調整という場面では、生産性は圧倒的に電話のほうが高いです。電話は苦手という人もメール一辺倒ではなく、電話もコミュニケーション手段の一つとして活用しましょう。

生産性ゼロポイント

✓ 無意味なメールのラリーは生産性ゼロ。3分で済む電話を使えばムダなラリーを削減できる

Q9

会議時間を短くするには?

ダラダラと続く会議に、もううんざりです。たいてい1時間の設定で召集がかかるのですが、1時間で終わることはほとんどありません。議論が白熱して延長するならまだしも、何も決まらない会話が延々と繰り返されるのです。この会議、短く終わらせるにはどうしたらいいのでしょうか。

A

ビジネスの基礎スキルが足りないと、会議はダラダラと長引いてしまいます

私は経営コンサルタントとしてクライアントのいろいろな会議に参加しますが、会議の様子を見れば、その会社全体の生産性が一目で分かります。なぜなら会議には、ビジネスに必要な基礎スキルがすべて詰め込まれているから。ビジネススキルが低けれ

ばそれがそのまま会議に出てきてしまうんですよね。

逆に言えば、会議が効率化できるようになると、ビジネススキルも高くなってくるし、ビジネススキルが高まれば、会議も効率化できるようになってくる。

会議のあり方を見ればその会社の生産性は分かります。

例えば、あなたの会社のうんざりするほど長い会議。その背景に何があるのか。主催者側（運営者側）の提示する議題が漠然とし過ぎていて課題解決に向けた議論ができていないのかもしれないし、参加者にその場で決め切るマインドが足りないのかもしれない。会議中のファシリテーターのスキルが低いということも考えられるし、主催者側と参加者側双方の準備不足ということもありうる。あるいは仕事の役割分担もそもそもできていなかったり、上司と部下が保護者と子どもという感覚で仲良く参加したりするなど、単純に参加人数が多過ぎるということも。

では、冗長な会議の時間を短縮し、生産性を上げるにはどうすればいいのか。次のページからは、一つずつの質問にお答えするかたちでそのポイントをお伝えしていきます。

生産性ゼロポイント

✓ 会議にはビジネスの基礎スキルが詰め込まれている。
そして会議のありさまこそ
その会社の生産性を映す鏡である

Q10

会議で使用する資料の効率的なまとめ方＆配布方法は？

会議が頻繁にあり、会議のための資料作成にかなりの時間を使っています。そのたびに自分で進めている仕事の流れを中断しなくてはならず、私自身の生産性は資料作成のせいで相当下がっている気も。どうすれば効率よく資料をまとめ、配布することができるのでしょうか。

A

社内向けの会議資料なら、議論の素材になればOK。資料の見栄えやきれいさにこだわる必要なんてまったくありません

まず資料の使用目的によって、仕上がりにどこまでこだわるかが大きく変わってきます。社外の人との会議に使う営業資料であるなら、読みやすさや仕上がりのきれいさを念頭に、フォントのサイズや色づかいなどにも〝ある程度〟気を配った資料を作ることが必要になるかもしれません。

一方、社内用の会議資料であるなら、議論の素材になればそれでいいのではないでしょうか？　議題は何か、問題点はどこかさえ分かれば十分。あとは議題に応じて、みんなで検討すべきデータを付けるなど議論をしやすくすることを第一に考えます。

なお、事前に目を通してもらいたいデータなどがある場合は、Ｄｒｉｖｅに上げる、Ｓｌａｃｋを使うなどの方法で共有し、「明日の会議の資料です。事前にご確認ください」とメンションしておきましょう。会議時間の短縮にもつながるのでお勧めです。

あなたは、自分の生産性がダウンするほど会議資料作りにリソースを傾けているとのこと。文面から使用目的までは分からないですが、社内用であれ社外用であれ、見栄えにこだわっていませんか。勝負すべきは中身。どんなに力を注いでも努力の方向を間違ってしまうと生産性はゼロです。あなたの貴重なリソースはあなたのやるべきことに使ってください。

生産性ゼロポイント

✓ きれいな資料作りは時間のムダになることも。
努力も方向を間違えれば生産性ゼロ。
見栄えはいいから中身で勝負を

Q11

会議のアジェンダをどう設定すればいい？

会議を主催することが多いのですが、先日、ある参加者から「議題が曖昧で何を話せばいいのかよく分からない」と言われてしまいました。議論が盛り上がらず、結論や合意に至らないまま会議が終わってしまうことが少なくないのも、そのせいなのかもしれません。アジェンダを的確に設定するにはどうすればいいのでしょうか。

A

絞り込んだ議題での「くくりトーク」なら議論はきっと活発になるのでは？

会議の成功の鍵を握るのは、会議を主催する側（運営する側）です。私の肌感覚からいくと、7割ぐらいは運営側の力量にかかっていると言ってもいいかもしれません。

この質問のケースですが、参加者からの「議題が曖昧」という指摘に加え、「結論に至らないまま会議が終わってしまう」という現状。これはもうあなた自身も感じている通り、問題は運営側のアジェンダの設定が的確でないことにある、と見て間違いなさそうです。

では、どうすればいいのか。

運営側のあなたがやるべきは、アジェンダを絞り込めるだけ絞り込むことです。次のページの図を見てください。ある会議場面のホワイトボードです。①問題をブレイクダウンし、②要因解析し、③対策検討 ④次回打ち合わせまでを記載しています。アジェンダを絞り込むことで、会議がいかにスムーズに回るかが分かると思います（職場でこのような「仕事に集中できない」という議題はないかもしれませんが、本書では要点を伝えるために、日常問題を事例にして説明します）。

ある会議場面のホワイトボード

③ 対策検討

真因A (不安はないが)寝る前に目がさえてしまう

対策案	スケジュール
①寝る前に寝室でアロマをたく	勉強 → 購入〜配送 → 評価 → ・ネット検索 ・書籍購入 ・ヒアリング / ・2種類のアロマを試す
②寝る前にストレッチを行う	すぐに実施 →
③ヒーリング音楽を聴きながら寝る(スマホ用イヤホンを購入)	勉強 → 購入〜配送 → 評価 → ・ネット検索 / ・複数の音楽で試す

JUDGE 2週間後

真因B 枕が経年劣化で合わなくなってきている

対策案	スケジュール
④枕を買い替える(硬さ調節可能な仕様にする)	勉強 → 購入〜配送 → 評価 → ・ネット検索 ・ヒアリング / ・ネットショッピング / ・ビーズの量を変えてみて硬さ調節 JUDGE 2週間後 再検討期間

真因C 朝方の窓から入るカーテン越しの光がまぶしい

対策案	スケジュール
⑤今より遮光度の高いカーテンを購入する	様子見 → 以前は眠れていた事実があるのと、費用がかさむため、上記①〜④の対策で問題が解決するかどうかを見極めてから購入を検討 JUDGE 2週間後 再検討期間

④ 次回打ち合わせ

2週間後に各評価結果を持って打ち合わせ実施
- 効果があった場合は継続すべき内容を絞り込む
- 効果がなかった場合は別途対策立案をやり直す

ホワイトボードの写真を撮ればそのまま議事録に!

POINT 3
スケジュールを切って5W1Hを明確に

POINT 4
次回の会議で何をするか決めてクロージング

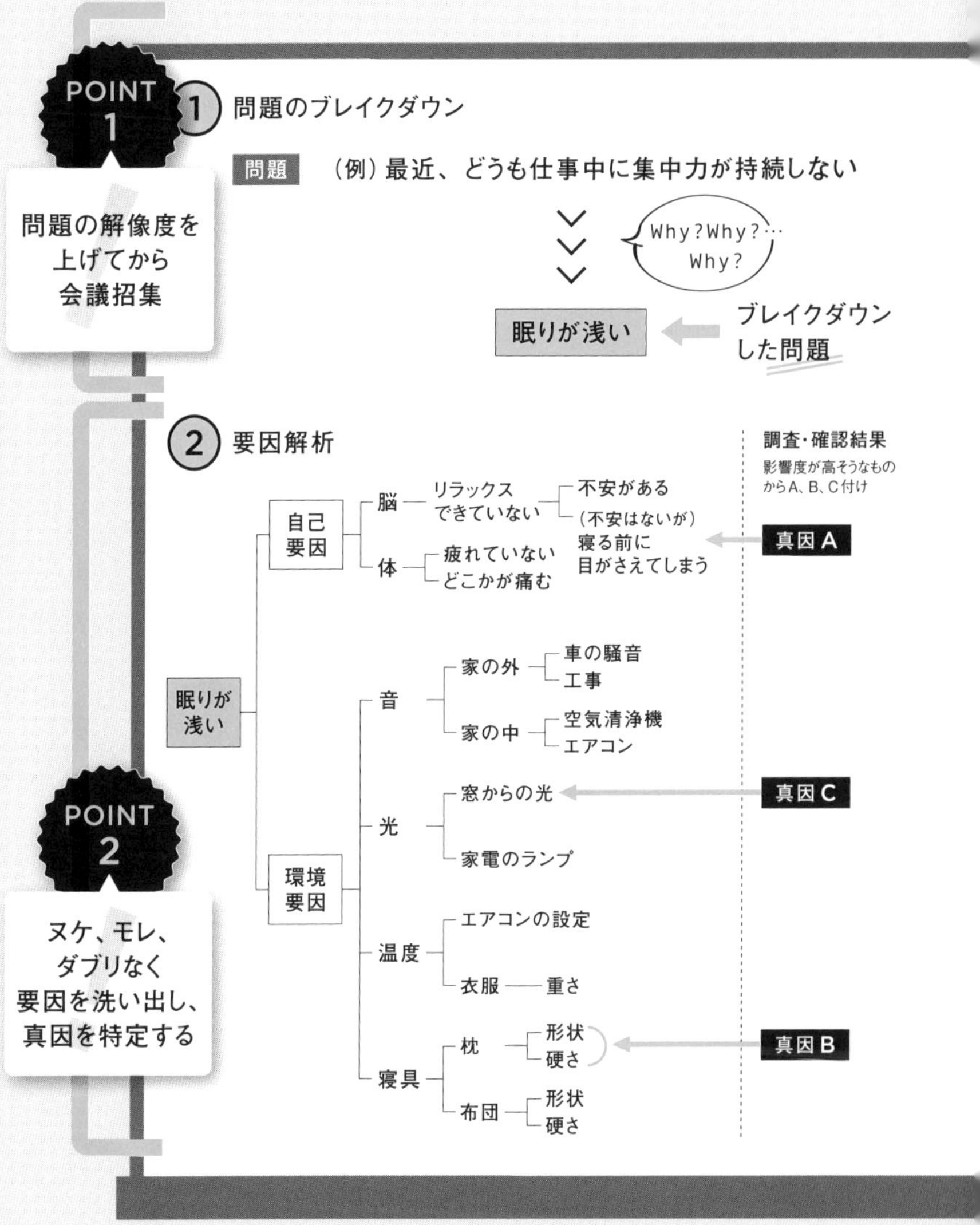
POINT 1
問題の解像度を上げてから会議招集
① 問題のブレイクダウン
問題
（例）最近、どうも仕事中に集中力が持続しない
Why?Why?…
Why?
眠りが浅い
ブレイクダウンした問題
POINT 2
ヌケ、モレ、ダブリなく要因を洗い出し、真因を特定する
② 要因解析
調査・確認結果
影響度が高そうなものからA、B、C付け
眠りが浅い
自己要因
脳
リラックスできていない
不安がある
（不安はないが）寝る前に目がさえてしまう
真因A
体
疲れていない
どこかが痛む
環境要因
音
家の外
車の騒音
工事
家の中
空気清浄機
エアコン
光
窓からの光
真因C
家電のランプ
温度
エアコンの設定
衣服
重さ
寝具
枕
形状
硬さ
真因B
布団
形状
硬さ

詳しく解説していきます。まずは冒頭で問題のブレイクダウンを行っていますね。

まず、「最近、どうも仕事中に集中力が持続しない」と漠然と感じている問題が「例」として取り上げられています。これは議題ではありません。内容が漠然とし過ぎていて、このままで話し合ってもアジェンダとしては不適切。

うっかりこのレベルのものを議題にしてしまうと、参加者は困惑して、「議題が曖昧で、何を話せばいいのかよく分からない」と言い出すでしょう。あなたの主催する会議、もしかしたらこのレベルのものを議題にしてはいないでしょうか。

そこで、これにＷＨＹ？ＷＨＹ？ＷＨＹ？と「なぜ」を突き付けて、**会議前に問題の解像度を上げていきます。**

集中力が持続しないのはなぜだろう？↓↓↓眠りが浅いから。というように。

ここまで問題点が具体的になっていれば、人を交えて対策までの議論をすることができます。そこでこの会議で解くべき課題を「眠りが浅い」と設定します。注意すべきは、ここまでの絞り込みは実は運営側の仕事だということ。

この**「問題のブレイクダウン」というプロセスは、運営側が事前に行うのが鉄則。**会議の冒頭で、漠然とした問題点から絞り込んだ課題設定へという思考の流れを参加者と共有するとしても、参加者に事前配布するアジェンダには、絞り込んだ課題を明確に示します。

そうすれば、参加者はこの会議の目的をあらかじめ把握できるし、場合によっては事前に資料を調べたり、意見をまとめておいたりしてくれるかもしれない。何よりも、これまであなたが「盛り上がりに欠ける」と悩んでいた会議が、活発に動き出す可能性が出てきます。つまり、**ふわっとした問題があったとしたら、そのまま参加者側に丸投げしてはいけないのです。**

運営側である自分が分析して、ふわっとした問題の原因をある程度押さえたものをアジェンダにしてください。いいですか、丸投げ禁止ですよ。

さて、アジェンダを絞り込んだだけで、どうしてこんなことが期待できるのか？

分かりやすくするために一つ例を挙げて説明します。テレビ朝日系の人気バラエティー番組「アメトーーク！」をご存じでしょうか。「高校野球大好き芸人」とか「家電芸人」など共通の趣味や特徴を持ったお笑いタレントを集めた「くくりトーク」で人気の番組です。

これを会議のアジェンダになぞらえると、「最近、どうも仕事中に集中力が持続しない」という漠然としたお題は、「アメトーーク！」でいったら「おもしろい芸人」という大きなくくりになってしまいます。「おもしろい芸人によるトーク」。それだけ聞かされても、どんなふうに話が転がるのかがイマイチ想像しづらいですよね。これだと、ほぼすべてのお笑いタレントが出演対象になってしまいます。

これが「高校野球大好き芸人」だったらどうか。それぞれにとっての名勝負・名場面が熱く詳細に語られるでしょう。ひいきのチームや選手の話も、ファン同士ならではの濃い話になりそうです。高校野球を経験したタレントのリアルな話も聞けるでしょう。視聴者にしてみれば、何についての話なのかが具体的にイメージできることになる。高校野球ファンも、「見逃せない」と思うかもしれません。

「眠りが浅い」というアジェンダは、まさにこの「高校野球大好き芸人」という「くくり」にあたります。どんな準備をすればこの話題に会議参加者である自分が絡めそうか、想像がつくので、参加者側による事前の下調べが大いに期待できます。

また自分以外の参加メンバーを事前に知ることで、このお題でこのメンバーなら自分の役回りはこうかな、と考える参加者だって出てくるかもしれない。

アジェンダを絞り込むだけで期待される効果は大きいです。会議の進行に悩むあなたには、まずこのアジェンダ設定から手をつけてみることをお勧めします。

ちなみに「高校野球で挫折した芸人」というくくりだとさらに解像度は細かくなります。番組として面白いかどうかは別として、職場の会議では運営側はこれくらいまで「何について話すか」を絞り込めると、招集された側もさらに能動的に発言の準備をしやすくなります。職場の会議はあくまで「決め切る場」なので、アジェンダの解像度を上げておくといろいろなムダがなくなります。

生産性ゼロポイント

アジェンダ設定を絞り込むだけで、会議の生産性は飛躍的に伸びる

Q12

会議の適正人数は？

会議の適正人数は何人くらいなのでしょうか。一つの案件に対して、関連部署がいくつにもまたがったり、新人と上司がペアで出席する部署もあったりと、10人超えの会議も珍しくありません。大人数になればなるほど、会議中一言も発しない人が増えてしまうので、召集人数をもっと絞り込むべきではないかと思うのですが……。

A

5人の出席者が「口2耳8」の配分で対話するのがベストです

適正人数は、ファシリテーターを入れて6人まで、理想的には出席者のうち誰かがファシリテーターを兼ねることにして5人まで、と私は考えています。

その大きな理由の一つに、「口2耳8」というコミュニケーションスタンスがあります。

これは、会議のときには、**「口＝自分が話すこと」が2割、「耳＝相手の話を聞くこと」が8割くらいの配分で臨むのが会議の進行上最適なバランスであるということ**（トヨタのとある役員からの受け売りですが、会議シーンでも使える言葉だと思います）。

このバランスで一人が2ずつ話すとすれば、5人が適正人数です。10人参加したら、「口1耳9」、あるいは発言せずにただ座っている「口0耳10」の人が出てきてしまうのはほぼ確実。発言ゼロになれば、会議におけるその人の生産性はゼロとなってしまいます。すぐにでも見直したいですね。

そして、会議が大人数になってしまいがち、絞り込むべきでは？　という今回の質問のケースですが、これは参加メンバーの選定に問題がありそうです。似た役割の人を2人以上呼んでも意味はないのではないでしょうか。前の質問で「アメトーーク！」の例を挙げましたが、バラエティー番組でよく言われている「キャラかぶり」状態になってしまいます。テレビ番組でもかぶってしまうと、どちらか一人はほとんど画面に出てこなくなることも。**同じ役回りの人は一人いれば十分です。職場の会**

議も同じです。

あるいは、お題にかかわりのない人まで召集してしまってはいないでしょうか。「アメトーーク！」の「家電芸人」を集めた回に家電に詳しくないタレントが大勢出てきても、家電についての知識を披露できるはずはありません。本人だって、「なんで自分が呼ばれたの？」と困惑するばかりでしょう。**あなたの職場で、会議中、関係なさそうな顔をして座っている参加者はいませんか？**

それから、今回のご質問では同じ部署から上司と部下がペアで出席しているとありましたが、これは教育的な配慮からなのでしょうか。部署の代表として部下を一人で出席させ、かぶりは避けるように心がけましょう。

また、アジェンダ設定も見直したほうがいいかもしれません。「10人超えの会議も珍しくない」とのことですが、**どうしても大勢になってしまう場合は、アジェンダが混在しているケースが多いもの。**先ほどの番組の話だと「高校野球大好き芸人」の議題と「家電芸人」の議題が混ざっている状態。どちらかの議題に関係があるが、どちらかには関係のないパターンです。

アジェンダの絞り込みの話もしましたが、そもそも、会議自体を分け、アジェンダの切り分けができた状態で関係者だけを招集できているかを確認してみましょう。

生産性ゼロポイント

✓ 聞いてばかりで発言しない「口0」も、聞かずに一方的に話す「耳0」も生産性ゼロ！

Q13

会議でどう発言すればいい？

会議のとき、議論の流れに沿ってその場で考えをまとめて述べることがとにかく苦手です。流れについていくのに精いっぱいで、構成を考える余裕がなく、頭に浮かんだことをダラダラ話してしまうためでしょうか、言いたいことが伝わらず、話が分かりにくいとも言われます。どうすれば上手に発言できるのでしょうか。

A

ムダのない話を上手にするためには、リアルタイム要約力を磨くことが必要です

会議の場面では運営する側にも招集された側にも、話をその場でまとめて表現する力が求められます。議論の流れに沿って自分の見解を述べるにしても、ファシリテーターを務めながらホワイトボードに**議論の内容をリアルタイムで記入するにしても、**

欠かすことのできないこの力を、私は「リアルタイム要約力」と呼んでいます。

繰り返しになりますが、私が会議に着目しているのは、ビジネスに必要な基礎スキルが会議にはすべて詰め込まれているから。そのなかでもこの「リアルタイム要約力」は、どんな仕事をするにせよ共通して求められる、ビジネスパーソンなら必ず身に付けたいスキルなのです。

さて、ご質問は、議論の流れに即応して、その場で考えをまとめて話すにはどうしたらよいか、ですね？

次の「状況報告書」の図をご覧ください。詳しくは後述するので、ここでは簡単に説明すると、超多忙でなかなか時間を取ってくれない上司に、1分程度で状況を把握しスピード決断してもらうことを目的に作った状況報告書です。ペライチ（A４用紙1枚）に、一目で内容が頭に入ってくるよう思考の流れに沿って問題の要点をまとめてあります。

ペライチ報告書のまとめかた

>>> 会議の議事録はホワイトボードを写真でパチリ
一方で、それとは別に状況報告書（レポート）は1枚にまとめる

この前提での報告書は下記だけ明記する

資料の構成

1. **論点** 何の話か
2. **要望** 何をしてほしいか
3. **結論** どうしたいと思っているか
4. **論拠** なぜそう思っているか
5. **補足**

※ 101ページに事例あり

実は、**ポイントを押さえた報告書をサッと書くときに必要なスキルは、会議でまとまった話をするときと同じ、リアルタイム要約力なのです。**

ですから、「記述」と「発言」の違いはあるけれど、この報告書の流れは〝アウトプットの型〟として発言の構成にも使えます。会議での発言はこの報告書の構成通りに組み立てればそれでOKです。

ここでは報告書の流れだけをざっくりお伝えしますね。

① まず「**何の話なのか**」をはっきり伝えます。
② 次に「**聞き手・読み手に何をしてほしいのか**」を明らかにします。承認してほしいのか、意見を聞きたいのか、決断を求めているのか、情報共有したいのか。
③ そのうえで「**結論**」。**あなたがどう思っているのか、どうしたいのか**を表明します。
④ 最後に、**結論に至った**「**論拠**」を述べます。
⑤ 必要に応じて「**補足**」を入れます。

会議中、あなたの頭に浮かんだアイデアを、**その場で周囲に分かりやすく伝えなければならないというとき、この報告書の流れで話をまとめてみてください。何度か繰り返すうちにあなたの発言の型としていつでも使えるスキルになっているはずです。**

私も、最初に入社したトヨタ時代からこの報告書を作り続けたことで、口頭で意見を言ったり報告したりするときにも簡潔に伝えられるようになりました。特にコンサルタントになってから、クライアントから「山本さんの説明は他のコンサルタントの説明よりも分かりやすい」と言われる機会が多いです。トヨタでみっちりと要約力を鍛えてもらったおかげです（感謝）。

リアルタイム要約力は練習をすることで磨けるスキルです。最初からできる人は多くありません。発言するのが苦手な人は身近な題材を用い、この流れに沿って意見を述べる練習をしましょう。きっと上達すると思います。

生産性ゼロポイント

要約力を手に入れて
シンプルな人になることが生産性向上の鍵

Q14

結論が出なかったときの会議はどうまとめる?

30分の予定で始めた会議が予定通りに進まず、このままでは終了予定時間までに結論が出せそうにないというとき、どうすればいいのでしょうか。せっかく集まったのだから時間を延長してでも決め切ったほうがいいのか、別途日程を組んでやり直したほうがいいのか、いつも判断に迷います。

A

議論が白熱し、結論まであと少しのときは、そのまま30分延長

例えば、議論が明らかにまとめに入っていて、あともう少しで結論が出せそうだなと思えるとき。あるいは、白熱した議論が続いていて、時間だからとそれを中断するのがもったいないと感じるとき。こんな場合は、**そのまま30分延長してもOKです**。なぜなら、**議論を一度断ち切ることで生まれるロスのほうが大きいからです**。

一度会議を閉じてしまい再招集をかけたとしても、前回の会議の終了時点のテンションまで戻すには時間がかかることがあります。また、メンバーが忙しければ、再招集のための時間調整が難しくなります。

ただし、**延長するにしてもプラス30分までを限度にすること。**延長を繰り返して1時間半、2時間と続けても、集中力の限界に達しダラダラするだけ。会議の生産性は長く続けるほど落ちると考えてください。人間の集中力にも限界があります。

一方で、煮詰まって結論にたどりつけないでいた会議が、仕切り直して再招集をかけたら10分で終わったということがあったりしませんか？　この場合は、30分延長してもおそらく何も生まず、その場で打ち切る判断が正しかったということになります。

どちらがいいのかは一概には言えませんが、**論点がずれてきていたり、会議の目的から外れ気味だと感じたりするときは、潔く一度打ち切ることをお勧めします。**

生産性ゼロポイント

✓ 会議の延長は一回（プラス30分間）だけ。ダラダラ続ければ生産性は下がる

Q15

会議の議事録のまとめ方は?

うちの会社では会議のたびに書記が指名され、書記は会議終了後、話し合われた内容をまとめて議事録をワードで作成し、速やかに関係者全員に配布しなくてはなりません。みんな当たり前のようにやっていますが、もっと効率的な方法はありませんか?

A

ホワイトボードの内容をそのまま議事録として使いましょう

これは、もしかしたら、毎回きれいに清書された議事録は必要ですか?というご質問なのかもしれませんね。議事録については前述した部分もありますが、大切なことなので再度ご説明しますね。

会社として、例えば社外取締役や監査役がいる場の会議などで決定された重要決議事項であれば、議事録は必要です。しかしあなたのご質問から察するに、経営者ではない、スタッフ間での会議や打ち合わせでの議事録の話のようですね。その場合と想定して回答しますね。

結論としては、その場合は、**「紙に打ち込まれた議事録は1つもいらない」**でしょうか。

議事録を見返すことはどれくらいありますか？ 毎日2回、会議に参加している人だと、週に10回、月に40回の議事録が送られてくることになります。年間だと480の議事録になります。一言一句見返すでしょうか？

恐らくほとんどの人にとっての議事録が必要になるのは、見返したい、思い出したい、知っておきたい（会議に出なかった人だけが該当）場合のみではないでしょうか？

そう考えると、はっきり言えることは、きれいな議事録は不要。要点さえまとまった何かがあればいい、ということになります。

ではどうすればいいのでしょうか。一部、Q11の繰り返しになる部分もありますが、改めて説明しますね。

方法はとても簡単で、ホワイトボードを使って会議を、Q11の、74、75ページのようにまとめてください。それをスマートフォンのカメラで撮影することで済ませましょう(ウェブ会議ならスプレッドシートをホワイトボード代わりに使えばいいです)。

以上終了です。

会議中、ファシリテーターは、「リアルタイム要約力」を駆使して議論の要点をホワイトボードにどんどん書き込んでいきましょう。そして重要なのがネクストアクションである「誰が」「何を」「いつまでにするか」をしっかり明記すること。そして、それを写真に収めて配布する。スマホと、Google Driveという機能を大いに活用しましょう。

つまり、今の時代では議事録担当不要、ということです。

その一方で、会議の要点をファシリテーターが、**ホワイトボードにリアルタイムで要約する力は求められます。**文字情報で流れを確認しながら、参加者は有意義なコミュニケーションができるというわけです。

生産性ゼロポイント

✓ **きれいな議事録を書く時間は生産性ゼロ！**
ホワイトボードとスマホカメラを活用しよう。
ホワイトボードはリアルタイム要約力を駆使して記載

Q16

手早く、一発OKの報告書を作りたい

新規取引先となるA社のホームページ制作コンペに参加しています。A社からは値引き交渉を持ちかけられていて、こちらが50万円値引きできれば、コンペの競合に勝てる見込み。上司に値引きの承認をもらうべく状況報告書を作らなくてはなりません。めちゃくちゃ忙しい上司が読んで即決してくれるような報告書の書き方を教えてください。

A

本当に1分で読めるように簡潔にまとめたペライチの資料を作成しましょう

上司の承認なしでは仕事が先に進まないことって、よくありますよね。ところが仕事ができる上司ほど多忙で、時間を取ってもらうことが難しくないですか？

そんなときは、**1分で読めるように必要な内容を簡潔にまとめたペライチ（A4用紙1枚）の資料（状況報告書）を作ります。**そして、上司の仕事の合間を見計らって「○○さん、1分いいですか?」と声を掛け、「○○の件ですが、こんな感じで進めてよろしいですか?」と資料をサッと手渡すのです。

どんなに忙しい上司であっても、1分であれば、断られることは少ないでしょう。

そして、その資料がポイントを押さえた簡潔なものであれば、ほとんどの場合、その場で即決してもらえるのではないでしょうか。

さて、あなたはウェブ制作会社の営業担当者で、現在A社のホームページ制作コンペに参加しているのですね。問題は、競合他社が提示している金額と比べて、自社の提示金額が高いこと。A社からも値引き交渉が入ってきており、あなたの中では、50万円値引きすれば、このコンペには勝てる見込み、と結論が出ています。つまり、あなたがここで上司にしてほしいことは値引きの承認です。

はい、ではこの条件で状況報告書を書いてみましょう。

前提

あなたはウェブ制作会社の営業担当です。現在、新規取引先となるA社からホームページ制作のコンペに参加しています。一方でA社の方々とも何度も会って提案し、A社から値引き交渉を持ちかけられています。A社の希望価格で上司のOKが取れればA社はあなたの会社にホームページ制作の仕事を発注してくれる段階で、あなたの上司に承認をもらうために状況報告のための資料を作成します。ただ大前提としてあなたの上司は多忙。本案件の優先度も上司からすると低い。そこで、そんな上司に「1分で読めてOKをもらえるための資料」を作成することにしました。

1分で読めてOKをもらえるための資料

A社HP制作の件　①何の話か

XX月XX日
営業一課 柏木 里美

【依頼】

②読み手に何をしてほしいか

A社のHP制作の値引きについて承認ください
※他社とコンペ中で明日までに回答が必要です

【結論】

A社HP制作の受注価格を300万円から250万円にすれば競合に勝てそうです
※3回お会いして弊社を気に入ってもらっています
※残すは価格次第の状況です

③結論

④論拠

【結論にいたった論拠】
・A社からは「弊社のプレゼン提案がダントツだった」と連絡がありました

・一方でA社から「価格だけがネック」とも連絡ありました（値引き交渉です）

・A社に希望価格を確認したところ「250万円ならとてもありがたい」と返答を頂いている段階です

⑤補足

【補足】
・競合他社3社は200～250万円で提案していることも確認しました

・この提案が通れば、今年中にA社から弊社あてに別の追加商談ももらえそうです
※電話ベースで他事業のHP制作改修の話がありました

はずしてはいけないポイントを見ていきましょう。

① **「1分いいですか?」とお願いしたのだから1分で読めるように**まとめる

② 頭にスッと入っていきやすいように、**読み手の思考の流れに沿った順番で書く**

③ **文字数はできるだけ減らし、専門用語も極力使わない**こと

さらに詳しく見ていきましょう。

1、前述の「会議の発言の仕方」と実は同じ論法にはなりますが(85ページ参照)、紙に書く場合も同じです。**最初に書くのは、「何の話か」**。この状況報告書のお題を書きます。よく、「結論から書け」と言いますが、読み手が真っ先に知りたいのは、そもそも何の案件に関する話なのかです。ここでは、「A社のHP制作の件」ですね。ですので、忙しい相手には結論から書くのも、話すのもやめましょう。「何の話?」となってしまいます(要注意)。

2、次に、**「読み手に何をしてほしいのか」**。承認してほしいのか、判断を仰ぐのか、働きかけや調整など何かのアクションを起こしてほしいのか、共有してもらえればいいのか。忙しい人は、あなたの考えやあなたの結論よりも、自分が何をすればいいのかを早く知りたいので、これを書きます。ここでは、「A社のHP制作の値引きについて承認ください」などと書きます。

3、その次が**「結論」、つまり、あなたがどう思っているか。**値引きをすればあなたは競合に勝てると思っていますよね。ですから「A社ホームページ制作の受注価格を300万円から250万円にすれば競合に勝てそうです」と書きます。

そしてその「論拠」を列挙します。**理想は3点の箇条書き**です。ここでは

・A社から「プレゼンの提案がダントツだった」と連絡があったこと
・A社から「価格だけがネック」と連絡があったこと
・希望価格を確認したところ、「250万円ならとてもありがたい」と返答があったこと

となります。

4、最後に「補足」として、上司に伝えておきたい参考情報を書き添えます。競合他社の提案価格である「200万～250万円」はここに書きましょう。

このようにまとめれば、上司が決断に必要な内容をペライチで簡単に表現できます。今一度、101ページを確認してみて下さい。話がスッと入ってくるはずです。

私の経験では、ほとんどの場合はこれで実際に即決してもらうことができました。どこの会社でも相手の時間をムダにしないということは重要です。報告を受ける上司にしてみれば、あなたは自分の貴重な時間を奪わない部下であるということ。周囲からの好印象、高評価にもきっとつながると思います。実は、この要約法、組織内上下の関係性だけでなく、社内のコミュニケーション、さらに言うと日常のコミュニケーションまでも円滑になる方法です。

ですので、早い時期、若い時期に身に付けておくことをお勧めします！

生産性ゼロポイント

✓ 1分でOKをもらえるペライチ報告書なら、自分の生産性も相手の生産性も一緒にアップ

Q17

プレゼン資料作成のコツは？

明日社内で行われる企画会議に向けて、プレゼン資料を作成しているのですが、パワーポイントでの資料作成に時間がかかるわりに、資料そのものがどれだけ役に立っているのか疑問です。資料を見せながら話をしたほうが、聞き手には分かりやすいはずだと思う反面、自己満足のような気もしてきてしまって。プレゼンの資料作りで押さえておくべきコツを教えてください。

A

プレゼンの資料作りのポイントは聞き手を迷子にしないこと

提案用のプレゼンでも、どんな目的のプレゼンもそうですが、プレゼンは活発化してなんぼです。プレゼンは相手に伝えたい情報を齟齬《そご》なく理解してもらい、聞き手の心に火をともすためにするものです。だから、どんなになめらかに進んだとしても、プレゼンの結果、何かが動き出さなければ意味がないと思います。

社内であれ社外であれ、プレゼンの準備をするときは、このプレゼンの目的を念頭に置いてください。

そしてプレゼンの**資料作りのポイントは、聞き手を迷子にしない**ことです。「今なんの話をしてるんだっけ?」「そもそもこのプレゼンの目的ってなんだったっけ?」。プレゼンが長くなると聞き手の脳が一人遊びを始めます。

パワポを使った「紙芝居」の場合は、こういった「?」がなくなるようにページの上隅に仕掛け、テーマなどを明記しておきましょう。10分のプレゼンでも、聞き手はたまに大事なことを聞き逃すこともあるんですよ。例えば我々がYouTubeを戻って再生し、確認するみたいに(笑)。でも「今聞いてなかったのでもう一回言ってもらえませんか」とも言えないので、そこまで配慮した資料にしてください。

その上で、さらなるポイントも含めてパワポ資料(紙芝居)を活用したプレゼンのテクニックをいくつか挙げておきますね。

①　これから何を話すのか、を冒頭で聞き手に明確に伝えること
冒頭スライドに**箇条書きでその日のテーマ(主題)とプレゼンの目的を書いて、口頭でも補う。**
例えば「今日はこんな話をしていきますけどいいですか?」と。

②　その上で、冒頭で**確認した章構成に従って、順番通りに話を展開する**こと

③　**各章の終わりごとに必ず質問を投げかけること**
例えば、「不明点はありませんか? 次にいってもよろしいですか?」と。

④　プレゼンの最後に**「質疑応答」の時間を設ける**
①の段階で伝えておくとよいでしょう。

⑤　長いプレゼンはしない(**長くても10分以内にまとめる**)
講演やセミナーは学ぶ時間。ビジネスシーンでの会議におけるプレゼンは勉強ではなく「何かを前に進めるためにするもの」。混同する方が多いので要注意。

これらのポイントを意識すれば、合意形成や議論を活発化させることが容易になります。そして議論が活発化したら、次につながるネクストプレゼンの場をもらいましょう。そして**次回は議論が活発化した部分だけにフォーカスして、さらに洞察を深めたプレゼンへとつなげていくのです。**

生産性ゼロポイント

✓ 一方通行のプレゼンは生産性ゼロ。一回で決めようとしてはダメ

Q18

チャットやメールに振り回されない方法は？

チャットやメールに振り回されて仕事が進みません。特にテレワークだとさばいてもさばいても次々に入ってくる感じで、終日返事に追われるような日もあります。メールやチャットのラリーは明らかに時間のムダだとは思っても、返信せずにやり取りを終わらせるのは失礼な気がして。ツールを上手に使う方法を教えてください。

A

サービス精神を抑えシンプルなやり取りに徹すればそれがあなたのスタイルに

一番のお勧めは「あの人はぶっきらぼうなメールを返してくるけれど悪気はまったくない」というキャラを早めに設定してしまうことです。もし、このキャラ設定に成功すれば、要件のみのやり取りでも「あの人はそういう人だ」と周囲に許容されるので、圧倒的にメールの文字数も回数も減らせます。

キャラを確立するところまではいかなくても、時候の挨拶やさまざまな気遣いなどに関して、日頃からサービス精神を発揮しすぎないように注意を払い、メールであれチャットであれ、**シンプルなやり取りを心掛けていれば、それがあなたの悪気のないスタイルであると周囲がいずれは認識してくれるようになります。**沼にはまってしまうパターンは、第一印象にこだわり、初回に無理した自分を見せてしまうこと。その場合、ずっとその偽りのキャラを演じ続けなくてはならなくなります。自分ではない自分ってとてもしんどいですよね。

もし、いつも丁寧で細やかな対応をしてきた人が、突然そうでなくなったら、周囲は自分が何かしでかしてしまったのではと、きっとあわてるはず。「なんだよ」とネガティブな印象にさま変わりすることもあります。つまり、最初からサービス精神を抑え、シンプルなやり取りに徹することは、実は相手に対する配慮でもあるのです。キーワードは**「最初の印象はむしろ素のほうがいい」**でしょうか。第一印象は1回ですから。

生産性ゼロポイント

✓ 最初から無理しない。
あなたのサービス精神が、長い目で見ると
相手にも負担をかけることになる

Q19

長いメールを書くのを失礼にならずにやめるには？

メールを丁寧に書こうとすると、ついつい長文になり、時間がかかってしまいます。社内メールなら挨拶文なし、署名なしでもかまわないでしょうが、社外となるとどこまで省略していいものか。失礼な人だとかマナーがなっていないとか思われずに長文メールをやめるには、どうしたらいいでしょうか。

A

今の時代は簡潔な文章こそ好印象

気持ちはよく分かりますが、考え過ぎかもしれません。今の時代はチャットツールが浸透し、「平素は格別にナントカ……」という挨拶文を書いていないから失礼だということにはならない時代になったと思います。一方で、宛先の会社名は省略できるのか、自分の名前は最後の署名欄に1カ所入っていればいいのか……、このあたりは悩みだ

メールの悪い例

○×食品株式会社
新規事業開発部 DX チーム
櫻井課長殿

平素よりお世話になっております。
□□コンサルティングの安達です。

先日の打ち合わせでは貴重なお時間をいただきましてありがとうございました。
弊社としても大変有意義な機会をいただき改めて感謝申し上げます。

また、その打ち合わせにて、その後のフローとして
弊社がお見積りを作成し貴社宛にお送りすることになっていたと思いますが
間が空いてしまい誠に申し訳ありません。

実は間が空いてしまった理由がありまして
社内の上長に確認したところ
貴社の求める見積書のレベル感がつかめず
社内で検討に時間を要しており、遅れてしまいました。

結論として一旦は添付の形でお見積りを作成しましたので
ご都合のよいときにでもご確認いただけますでしょうか?

また、添付のお見積りに関してご不明点などございましたら
本メールにご返信いただけますと幸いに存じます。

ご多忙の中大変恐れ入りますが
ご査収いただけます様よろしくお願い申し上げます。

==
□□コンサルティング株式会社
DX 推進コンサルティング部
第3営業課　課長

安達智也（ADACHI TOMOYA)

Mobile: 080-XXXX-XXXX
TEL　: 03-XXXX-XXXX
FAX　: 03-XXXX-XXXX
Email : tomoya.adachi@ □□ consulting.co.jp

〒102-00 XX
東京都千代田区△△町 4-5 ◆◆ビル
http://www. □□ consulting.co.jp
☆☆ 5 月よりオフィスが移転しました☆☆
==

メールのいい例

○○様

お世話になっております。
お時間が空いてしまいましたが、添付にて見積書をお送りいたします。

現段階の進捗が分からず、どこまで精度の高い見積をご希望されているのかが不明なので、一旦こちらでお送りいたします。

添付記載以外で必要な項目がございましたら
ご指示いただければ柔軟に対応いたしますので御申しつけください。

F6Design
山本大平
090-XXXX-XXXX

添付ファイル

メールのいい例（ポイント解説）

会社名は書かない（一度連絡を取っているため必要ない）

○○様

名前書かない（後で書くから）

メインで伝えたい内容を書き切る

お世話になっております。

お時間が空いてしまいましたが、添付にて見積書をお送りいたします。

いちいち謝らなくても伝わる

読みやすく2行空ける

現段階の進捗が分からず、どこまで精度の高い見積をご希望されているのかが不明なので、一旦こちらでお送りいたします。

伝えるべきことははっきりという

読みやすく2行空ける

添付記載以外で必要な項目がございましたら

ご指示いただければ柔軟に対応いたしますので御申しつけください。

協調の姿勢を見せる

読みやすく2行空ける

F6Design

山本大平

090-XXXX-XXXX

添付ファイル

メアド書かない

住所書かない

※書かれていない情報で最低限にとどめる

すとキリがないかもしれません。ビジネスメールはTPOにもよりますが、社外でも先ほどのQ18と基本同じ姿勢でよいと思います。

サービス精神旺盛は続かないので、第一印象に要注意。初回からフラットにいきましょう。だからこそ、簡潔な文章で、内容が相手に確実に伝わればそれでいい、**よく見せる必要もないし、悪く見せる必要もない、「素」でいい**のではないでしょうか。

参考程度に事例を挙げおきます。（114ページは長すぎて伝わりにくい悪い例。115ページはいい例です）。115ページは必要最小限の文字数で「見積書を送ります」という用件を伝えたメールです。心がけることは可もなく不可もなく「なるべく短く（ほとんどの人は忙しいから長いメールは避けます）」です。解説していきますね。

1度やり取りをしている相手なので**会社名は省略**

差出人の名前は**署名欄に書くので省略**

✉ **本文2行目で「添付にて見積書を送る」という伝えたい内容**を書き切る

✉ 「お時間が空いてしまいましたが」と書けば謝罪の気持ちは伝わるはずなので、「**申し訳ありません」といった文言は省略**

✉ 「進捗が分からないため、どこまで**精度の高い見積もりが必要なのか不明である**」ということははっきりと相手に伝える

✉ 最後に柔軟に対応できるという協調の**姿勢を示す**

✉ 署名欄には、メルアド・住所は書かず、名前の他は**最低限の情報にとどめる**

添付で見積もりを送るということを伝えるために、必要な情報だけを書くとこのくらいの文字数になります。これなら、さほど時間をかけずに書くことができるのでは

ないでしょうか。

それから、相手の返信をラクにする配慮は、社内メールでも社外メールでも必要なことだと考えています。例えば、**A案B案C案、日程①日程②日程③など、最初のメールで項目を分けてナンバリングをしておく。**

そうすれば次からは「B案に関して～」とか「日程②なら可能です」とか「③でいきましょう」と話が早くなります。

また、**「実行」「開催」「再検討」「個別対応」……など箇条書きを使うと、文字数を減少することができます。**

例えば、「○○に関して再検討していただきたいのですが、いかがでしょうか」「△△については、個別対応させていただく所存です」ではなく、**「○○ 再検討」「△△個別対応」などと書いて、最後に一文「上記で考えていますが、いかがでしょうか」**と添えれば、失礼になることなく簡潔なメールが完成します。

生産性ゼロポイント

✓ 長文メールは生産性も配慮もゼロ。
箇条書き、ナンバリングで文字数を減らす

Q20

相手からすぐにメールで返事をもらうには？

すぐにレスが欲しいのに、なかなか返事が返ってこないメールをイライラしながら待つ時間がストレスになっています。相手がメールに気づいていないわけではなく、後回しにされちゃっていると思われるフシもあり、さりげなく催促してみるものの反応がなくて。もっと効率よくやり取りをするにはどうしたらいいでしょうか。

A

相手に配慮しつつ、相手のアクションを促すにはチャットとの合わせ技がお勧め

相手が期限を了承していて返答待ちになっている案件について、期限を過ぎても返事が来ないという状況は、ビジネスシーンのあるあるですよね。

こうなると、こちらから様子うかがいメールを打ったとしても、すぐに反応してくれることは稀《まれ》。**後回しにされるかどうかは、相手との関係性と緊急度のかけ算で決まります。**相手にとっての優先順位がどのくらいなのか、こちらでは推し量り切れない部分もありますね。

どうしても早く返してもらいたい場合は、タイトルに【緊急】とか【大至急】と入れておくだけでだいぶ変わりますが、メールでそれをやってしまうと深刻度が増し、関係が微妙になることも。電話はもちろん有効ですが、恐らく相手はとても忙しいはず。

相手に配慮したかたちで回答を急かすにはどうしたらよいでしょう？

お勧めの方法は、**「さっきちょっとメールをしたのですが、見てください」などとチャットや、スマホを使ってショートメッセージを入れるという合わせ技。**

では、メッセージを送っても反応なしというときは、どうすべきか。新人時代、私もこの状況に陥り、上司になぜ放置しておくのか、と叱られたことがあります。そのときに上司に教わったのが、**「ここぞというときには、相手だけでなく自分の上司や相手先の上司もＣＣに入れて催促メールを出す」という方法。**

この方法はその後も何度か試しましたが、まさに特効薬。すぐに返事が来て、二度と待たされなくなるというメリットもあります。「もう限界！」というときには使ってみてください。ただしやり過ぎると効果が落ちるので多用は禁物です。

生産性ゼロポイント

✓ 今の時代はスマホとの合わせ技、最終手段は自分と相手の上司をＣＣに入れ送信

Q21

メールの資料添付の効率的なやり方は?

エクセルやワードのファイルをメールに添付して同僚や取引先に送ることが多いのですが、ファイルの添付し忘れや、古いバージョンのファイルを送ってしまったということがよく起こります。受け取る側としても大量のメールに埋もれてしまい、ファイルが見つけられなくなるなどの問題も。効率的な資料添付のやり方を教えてください。

A

メールにファイル添付をするのではなく、クラウドドライブで共有

メールにファイルを添付するやり方は、最新のファイルがどれなのか分からなくなったり、大量のメールに埋もれてファイルを探すのが大変だったり、何度もダウンロードしてしまったりと、受け取る側の負担もあって生産性を下げる要因にもなっています。

やはり、Google Driveなどのクラウドを使わない手はないのではないでしょうか。ネットワークのスピードも速くなっているので、ファイルをローカルPCに置いておく必要もほぼなくなっています。

同じフォルダ内で関係者がいっせいに共有できる状態が常にあるため、効率的な共同作業が可能です。閲覧権や編集権の設定もできます。これが生産性の向上には大いに役立ちます。ただし自社サーバーに履歴を残す必要性がある契約書のやり取りなどは例外です。また、機密性が高い資料は慎重に扱いましょう。

ちなみに「資料の添付を忘れましたので再送します」「資料に誤字脱字あったので再送します」のようなムダメールもこれで一挙になくなります。メール送信後にドライブにファイルを入れたり、ドライブ内で修正したりすればいいのですから。

生産性ゼロポイント

今の時代だとメールにファイルを添付よりもクラウドの活用を

Q22

イマイチ響かない、刺さらない、ってよく言われます。どうすれば？

いろいろな上司に、「いいことを言っているはずなんだけど、イマイチ響かないね」とよく言われます。自分で言うのも何ですが、アイデアや提案内容はすごく評価が高いので、言い方の問題なのかもしれません。どうすればいいでしょうか？

A

もしかして「決まり文句」を多発していませんか？

封印したほうが得をする「決まり文句」をご存じでしょうか？　うっかりと使ってしまうとあなたが軽く見られる言葉があります。

いずれも便利だけれどあまり意味がなく、だからこそ使い勝手のいい言葉が存在するのです。

それは「大切です」「重要です」「しっかりやります」「きっちりやります」です。

もしあなたがこれらをよく使っているなら一度、使用禁止をマイルールにしてみるのも一手です。これらの言葉を連呼すると、言葉を大切にしている人たちから心のシャッターを閉ざされてしまう可能性も。

例えば、アーティストの楽曲で「○○が大事」「きっちり○○しよう」という歌詞があったらあなたはどう感じますか？ 楽曲はムダな言葉、意味のない言葉は極力避ける傾向にあると思います。大人気の歴史マンガ『キングダム』で「その右翼軍の中腹から攻め入ることが大事だ！」「オマエら、きちんと槍を突け！」と将軍が言っていたら冷めませんか？（私は冷めます）。もっと武将らしい、深みのある言葉で指示をしてほしいですよね。

もし真を突いたことを伝えているにもかかわらず、話し方で損をしている状況なら、

まずは「大切です」「重要です」「しっかりやります」「きっちりやります」など、便利言葉を自分の中で禁止にしてみてはいかがでしょうか。

ミュージシャンになれ、という話ではないですが、彼らの言葉がなぜ響くのか、を今一度考察してみるといいかもしれません。

そして使う言葉の質が変われば、思考もきっと変わってくるものだと思います。上述したような禁止言葉は抽象化された言葉なので、普段から具体化した言葉を多用する、ということです。

恐らくですが、話すプロのお笑いタレントも、「大切です」「重要です」「しっかりやります」「きっちりやります」とあまり言わないのではないでしょうか。堅苦しくならないように、より受け入れられる「言葉づかい」を取り入れて話しているかと思います。より一般の人に親しまれるようにするために。プロの話手と一般の人の差は、このあたりに出やすいのではないでしょうか。ＴＢＳに在籍していた時にスタジオでそう感じていました。

生産性ゼロポイント

✓ 「大事」「大切」「しっかり」「きっちり」という便利言葉は生産性ゼロ。
禁止言葉とマイルール化して思考力を深めよう

COLUMN
#1

トヨタ・TBS・アクセンチュア 3社に共通して必要なマインド

「あ、国が違う」――。

新卒で入社したトヨタからTBSに転職したときに、最初に感じたのはこれでした。業種をまたいでの転職だし、両社のカルチャーがまったく異なることも分かっていたから、もちろん覚悟はしていたんですよ。でも、実際に肌で感じてみたそれは想像よりもはるかに強烈でした。その後、TBSから外資系のアクセンチュアへ。ここでも世の中が180度変わりました。

文化の違いを例えると、食べるのに使うのがお箸(トヨタ)、右手(TBS)、フォーク(アクセンチュア)、このくらい違いました。

このような異業種間転職をするときに必要なのは、「こちらから合わせにいく」という態度だと私は考えています。前の文化を引きずらず、郷に入っては郷に従う。

転職してきた人は、往々にして「前の会社ではこうだった」を論拠に主張してしまいがちですが、これはやめておいたほうが得策です。そもそも前提条件が違うのだから論拠になりようがなく、周りをうんざりさせるだけ。とにかく転職したら一度リセットボタンを押し、真っ白いキャンバスを広げること。

もちろん新しい環境のなかで、「こうしたほうがいいのに」と感じることは出てくると思います。思うのは自由です。でもそれを主張して通すためには、それなりの人間関係の構築が前提になる。だったら、転職してすぐ、それを口にするのはムダというもの、思うだけにとどめておきましょう。そして成果を出して認めてもらってからその隠し球を出していくことをお勧めします。

迎合する必要はないけれど、みんながつくり上げてきたものをわざわざ壊すこともない。だから、取りあえず、やってみる。私は今でもそんなスタンスで新しい環境に入っていきます。白黒つけようとせず、曖昧さも受け入れながらその場に身を置く感じと言えばいいでしょうか。

新しいやり方でやっていくうちに、新しい人間関係もできてきて、コミュニケーションの環境も変わってくるでしょう。認められれば「ここぞ」と思えるときはきっと来る。だから取りあえずは曖昧さやモヤモヤを許容することをお勧めします。

第3章

ストレスは生産性の天敵！
賢い人間関係構築法

円滑な人間関係が
一人ひとりの生産性を高め、
毎日の仕事がもっと楽しくなるはずです。

Q23

一人で仕事を抱え込まないためにはどうすればいい？

私は他人に仕事を振ることが苦手で、誰かに任せるくらいなら、大変でも一人で仕上げてしまいたいと思うタイプです。ところが担当していた仕事の業績が好調で仕事量が増えたため、後輩が一人、私のサブとして入ってくることに。それで少々困惑しています。一人で仕事を抱え込まないためにはどうしたらいいのでしょうか。

A

抱え込まないと気が済まないのは、リーダーとしての資質に欠けているということ

自分一人で抱え込みたくなってしまう気持ちは分からなくもないですが、「私は他人に仕事を振ることが苦手です」「一人で仕上げてしまいたいタイプです」と決めつけてしまうのはすごくもったいない気がします。

というのも、**私が見てきた「できる人」のほとんどは、仕事を人に任せるのがうまかったから。**

周囲の人間の適性を見抜き、その人の力が生かせる仕事を割り振って成果を上げさせ、それをチームの勢いにつなげる。「チームで仕事をする」というマインドがあることは、仕事ができる彼ら彼女らに共通している特徴だと思います。

仕事というものの多くは、そもそもチームプレーで成立するものなんですね。だから、**仕事を全部一人で抱え込まないと気が済まない人は、チームプレーができないわけで、リーダーとしての資質に決定的に欠けている**ということになる。

あなたは「別にリーダーになんてなりたくない」と言うかもしれません。もちろん、自分のスキルを磨き抜いて、チームに属さず、職人的なポジションで生きていくという道もあります。あなたがそちらの道を進むべき人だという可能性ももちろんあります。

けれど、大半のビジネスパーソンは、組織のなかで経験を積みながらキャリアに応じたリーダーシップを身に付けて成長していくのではないかと思います。

ですから、「一人で仕上げてしまいたいタイプです」と決めつけず、**後輩に思い切って任せるということもやってみてもらいたい**、と思います。

どんな仕事を任せるかは、期限までにどれだけ時間的な余裕があるかで決められます。

① **期限が差し迫っていて、自分がやらないと間に合わない場合はあなたがやる**

② **期限に余裕があり、後輩に任せた結果、出来がイマイチだったとしても、あなたがフォローできる場合は後輩に任せる**

後輩に任せた場合、最初からできる人はいないので、最初のうちはあなたはイライラするかもしれません。手を出さずに待つということ自体、自分でバリバリやってきた人には苦痛な可能性もあります。

「生産性ゼロ」な感じを得てしまうかもしれません。でも、ここで待つことを覚えないと、この先、あなた一人がずっとしんどいままになります。

今は**「生産性ゼロ」なのではなく、「待つ」「育てる」というスキルを身に付けている過程だと思って、ここはぐっと耐えてもらえたい**、と思います。

それができれば、あなたは今後、より大きな仕事を手掛けていくことができるようになるでしょう。

生産性ゼロポイント

✓ 「待つ」「育てる」スキルを磨くプロセスは、「生産性ゼロ」ではない

Q24

誰かに頼む仕事、自分でやる仕事……割り振りはどうしたらいい？

小さなチームのリーダーとしてはじめて部下を持つ身になって以来、仕事の割り振りに悩んでいます。興味やスキルに見合ったものを割り振ればいいけれど、そううまくいくものでもなく。難易度高めのものは自分が担当していますが、それでいいのかどうか。部下のことを自分がどこまで分かっているのか、考え込んでしまうこともあります。

A

雑談のなかから情報を取り、誰に何を任せればいいかを把握

「こうすればいい」という解決策が示しにくいのですが、私のトヨタ時代の上司のやり方が参考になるかもしれません。

その上司は、すごく仕事ができて忙しいはずなのに、どこか余裕を感じさせる人でした。部下との距離も近く、年齢、役職を超えて付き合いが広かった。**普段から雑談のなかで「最近どう？」「今何やっているの？」と話しかける。正しくは情報収集している。**

誰かに何か聞かれると「これは彼女に聞くといい」「あれは彼が情報を持っている」と的確にアドバイス。仕事の割り振りも見事で、割り振られた側にちゃんと納得感を与えるものでした。

この人はいつも高いアンテナを立てて、雑談のなかからも情報を取り、誰に何を任せればいいかを把握しているんだな、と感心したことをよく覚えています。

忘れられないのが、人事異動で席替えがあり、その上司の机を運ぶのを手伝ったときのこと。たいてい、仕事のできる上司の机は、どっさり資料が入っていてとても重たいものなんです。ところがこの上司の机は肩透かしを食うほど軽く、両袖の引き出しは空っぽ。

「資料、何も入っていないんですね」と思わず口にしたら、「なんで僕が資料を持つの？ それぞれの担当者が誰よりもよく知っているんだから、必要ならそのタイミングでその人に聞きにいけばいいいんだよ。人を信頼して任せるってそういうことだよ」と。

つまり、部下が何をしているか、何に詳しいのか、全部把握しているということです。そしてその部下を上手に割り振って仕事を進めていく。納得のいく人員配置をしたいと思うなら、まずは雑談から始めましょう。

生産性ゼロポイント

✓ 一見ムダな雑談のなかに生産性アップの鍵がある

Q25

どう合わせる？ どう回避する？ 上司のタイプ別攻略法

「やたら仕事を押しつけてくる上司がいますが、切り返し方、避け方を教えて！」「上司が話し好きで会議中も自分の話ばかり。波風立てずに仕事の話に戻す方法は？」「気分屋の上司が、気持ち次第でダメ出し、やり直し、方向転換！ どう向き合えばいいでしょうか」「パワハラ上司のターゲットになると、仕事が進まなくなります。ならないようにする方法は？」

……など、上司が仕事の生産性を下げる要因に。どう対処すればいいのでしょうか。

A

上司のタイプを分類してから、コミュニケーションをとろう

この本を執筆するに当たって、多くの方に事前アンケートにご協力いただき、寄せられた質問や悩み、困りごとのなかから、共通の課題になりそうなテーマを抽出しました。

アンケートの回答のなかで一大ジャンルを構成していたのが、上司に関するもの。その特徴は、質問というよりは悩み、文句や愚痴に近いものが大多数を占めていたことです。

無理もないことだと思います。自分が上司を選べるわけではないし、こちらからの働きかけでその人の性格ややり方を変えることもできない。「上司ガチャ」にハズレたら最後、次の異動までじっと我慢……ということもある。

だから、疑問や課題というよりも、「いったいこの上司は何者なのだろう」「もうやってられない」というような、悲鳴に近いものになってしまう。これは痛いほどよく分かります。

でも、**いくら愚痴を並べたり、嘆いたりしても、それも生産性ゼロ！**

では、どうしたらいいのでしょうか。

上司は「変えられない」のですから、たとえ大ハズレであっても、まずは「受け入れる」、これが基本の所作です。

その上で、その人の考え方や行動のパターンを観察し、分析し、よりよい対処法を見極めていく。

そこで、ここではアンケートをもとに上司を7つのタイプに大別し、タイプ別に円滑にコミュニケーションをしていくにはどうしたらいいかを考えました。

全体を通して言えることをまずお伝えしますね。

相手を「変えられない」場合のコミュニケーションの選択肢は、**「相手に合わせる」「相手を避ける」「自分が変わる」の3つにほぼ限られます。**

もちろんこの３つ以外にも「抵抗する」という切り札が、常にあなたの手中にはある。でも、ここでは「生産性」という観点から、それを切ることはお勧めしていません。**基本は「合わせる」、難しければ「避ける」です。**

なぜなら「抵抗する」場合、ムダなコミュニケーション時間のコストが異常発生してしまう。**衝突している間の時間、後日解決のために使う時間、どちらもやたら疲れるけれども、客観的に見れば生産性はゼロ**です。仕事は何も動いていないのですから。

ところが、うわべだけでいいから合わせてしまえば、事態は生産性を高める方向に動き出す。迎合するのは自分の信念に合わない、なんてどうかおっしゃらずに。**「合わせる」ために「自分の信念を曲げる」わけではなく、「相手に合わせているように見せること」ができればそれでいいのです。**

それでは、上司タイプ別に対処法を紹介したいと思います。

① 昭和型パワハラタイプの上司

権力に近いところにいて、社内でも幅をきかせているという上司が、このタイプに陥りがちです。**ただ、こういった上司に逆らおうとするのは疲弊するだけなのでここは逃げるが勝ち。圧力を感じたら即、接触回数を減らして自分がターゲットにならないように身を守ります。**ただし、無視すると逆鱗に触れたりして大事になるので、最低限のコミュニケーションは必要です。また、明らかなパワハラの場合は社内外の相談窓口を活用しましょう。

② 世話焼き心配性上司

部下の仕事にいちいちチェックを入れまくる、他人に任せられないタイプ。何かと世話を焼くのも心配性なのも、部下を信じ切れないからでしょう。ただ、うるさいけれど、責任感の強い人という見方もできます。こういう人に対しては、余計な心配をかけない方向に動きましょう。

仕事が7割がた完成した時点で、廊下ですれ違うタイミングなどを活用し「あ、○○

さん、この間の仕事のアドバイスありがとうございます。いい感じでこのくらいまで進んでいます」という報告をこちらからしれっと入れるのです。

聞かれたら答えるのではなく、先手を打ってジャブを入れるのがポイントです。「やっていますよ、大丈夫ですよ」とごく自然にカジュアルに伝えることで、心配している相手の気持ちを和らげます。このタイプはこのしれっと報告が効きます。

③やる気がない上司

仕事に対してやる気がない上司は、部下へは仕事を「ひとつよろしく」と丸投げし、チェックもほとんどしないから、部下としては自分の裁量でやらなくてはいけないことが増えます。ここは、肩書きはもらっていないけれども、上司の立ち位置で仕事をする経験が得られるからラッキーと喜びましょう。

「○○という業者と△△という業者を入れてこちらで対応しますね。ある程度できた段階で報告するかたちで進めますが、いいですか？」という感じで大筋合意を取っ

ておけば、あとはあなたが仕事を動かせます。

この手のやる気のない人は、勝手にやったからといって「勝手なことをするな」という展開にはまずなりません。自分で進めてくれるなんて、いい部下だなとむしろ喜ばれる可能性が高いので、**この機にどんどん上司体験をしてしまいましょう。**

④完璧主義上司

完璧主義の上司といっても、物事すべてに完璧を求めるという人はそう多くないはず。**何について完璧を求めるのか、まずは観察です。資料作りなのか、お客さんとのコミュニケーションの取り方なのか……。この点を確認しておき、そこだけは完璧に振るまうこと。**それ以外は手を抜いていいと思います。

完璧主義上司は確かに付き合うのには骨が折れますよね。でも仕事に関してはできる人が多く、本書で挙げる7タイプの上司のなかで一番学ぶことが多いのが、この完璧主義上司だと思います。だから、**自分が伸びるチャンスである、と捉えることができ**

たら、この完璧上司の下にいる時間は学びの時になりますね。

ただ、注意してもらいたいのは、**自分の能力と完璧主義上司の能力の乖離《かいり》**です。上司にあまりにも高いレベルを求められると、部下であるあなたが潰れます。

自分がその上司に食らいついていけるレベルなのかどうか、ここは冷静に自分を値踏みしてください。**「この人、すごすぎる、絶対についていけない」と思うなら離れていったほうがいい。**接触を最低限にし、目立つことは避け、できるだけ仕事を振られないようにしましょう。

逆に、頑張ればなんとかなるレベルにいると思えるなら、食らいついていくといいでしょう。そうすれば少なくともこの上司のレベルまで、自分を伸ばすことができます。

⑤ 指示が意味不明の上司

指示が抽象的だったり、あやふやだったりする上司は一定数います。**そんなときは「す**

みません、分からないです」と、その場ではっきり言うことがポイント。指示が分からなければ仕事になりません。憶せず聞き返しましょう。間違っても中途半端に理解したところで「分かりました」と言わないこと。

私もこういう「指示が意味不明な上司」の下についたことがあります。話し方のせいなのか、結局、「やれ」と言ったのか「やるな」と言ったのかすら不明。でも聞き返すと「さっき言っただろ」と怒るんです。

それで、確率2分の1で当てずっぽうに動き、同僚と「当たった」「ハズレた」と半ばゲームのように進めるしかなかったこともありました。今思えば、あの時**「すみません、どうしても指示の意図が分からなかったので、もう一度言っていただけますか」と、怒られてもちゃんと聞き直すのが筋だった**なと。

⑥ 気分屋上司

このタイプは、本当に気分屋の場合と、そうではないけれどこちらの想像力の欠如で気分屋に見えてしまう場合の2パターンあります。そこは、はっきり切り分ける必要があると思います。

まず本当に気分屋の場合。**上司の気分に寄り添うのが一番賢い**です。そして、前とは違う指示をされても「そうですか、分かりました」と引き受ける。

「え？ 前はこうでしたよね」とか「前に言ったことと違いますよね」と言い返すのは不毛なのでやめておきましょう。間違いを指摘すれば、あなたの溜飲は下がるかもしれないけれど、上司の指示自体は気分で変わるわけで、あなたの指摘では翻りません。

それに、このやり取り、生産性が恐しく低い。**相手は気分屋なのですから、こちらもいちいち抵抗せず粛々とやる、これが一番だ**と思います。

一方、実際は気分屋ではない場合。マネジメントのトップに近い上司ほど、朝には「西に行け」と言ったのに、夜には「東に行け」と言う、みたいなことが起こります。**これは、**

上司の気分が変わったわけではなく、朝の時点では「西」の指示が最適だったけれど、その後に情報が増えたことで西には敵軍が待ち構えていることが判明。それで夕方には「東に行け」と意思決定が変わった、ということなのです。

組織の上のほうへ行けば行くほど、仕事量も情報量も増えるので、いちいち部下に説明している時間がないという事情もあります。ここで指示を受ける側が「指示が変更された理由を聞いていない」「納得できない」と不満をあらわにしたところで何も生まない。生産性ゼロです。

それよりも、「予定通り不合理」くらいのスタンスで、上司の朝令暮改を許容し、新しい指示に従いましょう。これまで数多くの経営層と接してきて、現実には、本当の気分屋よりも、こちらのタイプが多いのではないかと思います。気分屋と断定してしまう前に、あなたが想像力を働かせて相手の状況を慮ってみることをお勧めしたいと思います。また、その上司がこれまでに結果を出してきている人であれば、なおさらその指示は会社にとって正解である確率は高いです。

⑦ ネチネチ上司

心配症ともちょっと違う、やることなすことネチネチと嫌みを言うなど絡んでくる上司。こういう上司についても、あなたの意思で変えることはできないし、上司に働きかけて、改心してもらうとか態度を改めてもらうのはどう考えても生産性ゼロ。考えるだけムダですよね。

だから、まずは受け入れるのがあなたの基本所作。**「撃退」しようとするのはリスキーな上にコスパも悪い。ここは、守りに徹しましょう。コトが起こる前に事前にそうならないように手を打っておく。**具体的には、日頃から**周りを固めることによって、あなた自身が攻撃されづらい存在になることをお勧めします。**

社内を見渡してください。ネチネチ上司がひるんでしまうような人がいませんか。例えば、ネチネチ上司のその上の上司やあなたの部署を直轄する役員など。

こんな人たちにこちらから積極的にコミュニケーションを取りに行きます。廊下ですれ違ったときやエレベーターに乗り合わせたときに、挨拶をするのはもちろん、「お疲れ様です」と一言添えてみるだけでもいい。まずはやれることから始めましょう。そういった日頃からの地道なコミュニケーションの積み重ねによって、**ネチネチ上司が苦手とする人たちに、できるだけあなたが親しみを感じてもらえるように社内人脈をつくっておきましょう。そうなれば、ネチネチ上司はあなたを攻撃対象にはしづらくなります。**

相手にとって攻撃しづらい人になること。この方法はネチネチ上司に限らず、会社組織のなかでは役立つ場面が多いので、ぜひ覚えておいてください。

一方で、こういった組織がどうしても嫌ならその組織を出るしかありません。また、その組織のなかで**自分が思ったことをやりたいなら、早く出世して偉くなり権限を持つしかありません。今を我慢の時、と思えるのかどうか。**

そう思えるのなら、繰り返しになりますが、どんな上司であれ、基本的には合わせることをお勧めします。合わせながら、かわしながら、本質的な仕事をするのです。

生産性ゼロポイント

✓ 不毛な抵抗は生産性ゼロ、むしろマイナス。上司を分類したうえで付き合うこと

Q26

チームに「働かないおじさん」がいたらどうする？

新しく立ち上がったプロジェクトのメンバーに「働かないおじさん」がいて、対応に困っています。聞けば、若い頃はかなりのやり手だったとか。それもあるのか、何かにつけて「こんなやり方ではダメだ」的な決めつけが多く、そう言われると無視するわけにもいかず。同じチームの一員としてどう接していけばいいのでしょうか。

A

現状を受け入れ、フォローしつつ、やってもらえることを敬意を持って探そう

手取り足取り箸の上げ下げまで教える必要があるような若手社員が配属されてきた、という話であるなら、鍛えれば伸びる余地があるし、うまくいくと大化けする可能性もあるので、積極的に関わることをお勧めするところですが、このケースは悩みますね。

今はチームのなかで困った存在になってしまっているかもしれないけれども、あなたの知らない時代に、会社に貢献されていたのですよね。ただ何かのきっかけがあってやる気がなくなった、そう捉えることもできます。会社員って本当にいろいろありますから。

とはいえ、プロジェクトを一緒に回していかなくてはならないメンバーとしては、働かないおじさん(やる気がなくなった中堅社員)の処遇は差し迫った現実的な問題でもありますよね。

では一体どうすればいいのか。

まずメンバーそれぞれが、活力のある人材だけでやっていくしかないという現状を受け入れること。

こうなったからには、**メンバーが互いにフォローする必要があることを確認し合い**

ましょう。逆にやる気のないおじさんの存在のおかげで他のメンバーが「なんとかしなきゃ」と結束するムードづくりをしてはいかがでしょうか。**その上で、そのやる気のない社員にもやってもらえる仕事を探し出し、敬意を持って割り当てます。**

その人には意思決定を預けたり、大事な会議に出てもらうのは無理かもしれない。でも、例えばご意見番としてプロジェクトの要所要所で会社の過去情報を教えてもらうなど、その人ならではの情報を得ることはできるのではないでしょうか。

働かないおじさん、と言っているあなたも、もしかしたら将来そうなる可能性はあります。何かしらのきっかけとともに。

生産性ゼロポイント

✓ **働かないおじさん、という言葉を使う人も生産性を生まないことを知ろう**

Q27

仕事を振った部下がイマイチ働かない。どうすれば？

部下や後輩に仕事を割り振ると、すぐに「もうできません」と言ってきたり、どう手を抜くかを最初から考えたりする傾向にあります。彼ら彼女らが真剣に仕事に向き合うためには、どうしたらいいのでしょうか。

A

「その仕事、他の人に回しますよ」と、いつでも代わりがいることを伝えましょう

最近こういう話はよく聞きますね。ここはムチの出番です。

恐らく誰にとっても嫌なのは、自分の役割がなくなり、自分がやるはずだったことを他の人が担当すること。だから、それをはっきり伝えるのがいい。

「この仕事は急ぎだから○日までに仕上げてくださいね。できない場合は、あなたに

代わって○○さんにやってもらうつもりだから、できるかどうかのめどを△日までに示してください」。さらに、「**期待しているから、よろしくね**」と付け加えておけば、まず、やらない人はいないのでは、と思います。期限までに必死になって仕上げてくるでしょう。

もしもやらなければ、仕事が他の人に回り、自分が信用を失うわけです。組織のなかで働く人間であれば、それだけは避けたいと思うのではないでしょうか。

それでも意に介さず、**他の人に回されてもかまわないということであれば、その人からどんどん仕事を剥がしていきましょう**。人間って誰からも頼られなくなるのが一番怖い。それは、会社のなかでの自分の存在意義の危機を示しますから、**自分の仕事がどんどん手から離れていく状況になったら、さすがに何もしないではいられないでしょう**。

頑張った人にはアメをあげるという戦略もありますが、**報酬による刺激の効果はど**

んどん弱くなっていくので、お勧めできません。やはり「いつでも代わりはいるんだよ」というムチでモチベーションを上げるのがいいのではないでしょうか。

参考：プロスペクト理論

生産性ゼロポイント

✔ やる気のない人にこそ「ムチ」でモチベーションアップを

Q28

職場の人とフランクに話せる関係になりたい。どうすれば？

職場の人たちと、あまりかしこまらずにフランクに会話ができる関係になりたいのですが、そのきっかけがなかなかつかめません。テレワークの日も多いし、出社してもそれぞれがパソコンに向かっていて忙しそうなので、話しかけることに気後れしてしまいます。どうしたら心の距離を縮め、気軽に話せる関係になれるのでしょうか。

A

食事会はリスクのない社交場、欠席する理由がありません

そんなときこそ食事会を活用しましょう。

最近の、特に若手のビジネスパーソンのみなさんのなかには、「ランチの誘いや飲み会なんて面倒臭いから行かない」と、はなから否定してしまう人が案外いるけれど、それは大いなる機会損失。

そもそも社内の飲み会に積極的に行きたい人なんているわけない、とまでは言わないですが、ほとんどいないかもしれません。にもかかわらず、先輩世代は声が掛かればむげには断らない人が多いように思います。これはいったいなぜなのか。

それは、食事の場がリスクのない社交場だということを経験上よく知っているからです。お互いのことを理解し、みんなと仲良くなれるまたとないチャンス。飲み会では、数千円の対価を払って数時間その場に身を置き、お酒やソフトドリンクを飲みながら一緒に過ごす。人間関係のエンゲージメントを深めるチャンスです。ただその場に顔を出すだけで、以降は心理的安全性が担保されやすく、人間関係がうんとラクになるはずです。もちろんどうしても嫌なら行かなくてもよいと思いますが、その会社内で誰とでもフランクに話せる関係性になりたいなら行くべきです。実際に海外では、休日に、社内の人とのホームパーティーが盛んです。

だから、食事のお誘いがあればむげに断らない方がいいでしょう。食事会後は周囲のまなざしがやわらかくなるので、職場での会話も弾み、あなたの理解者が増えて、ダメ出しされることも減り、提案だって通りやすくなるかもしれない。コミュニケーションのコストがぐんと下がりますね。

ただし、職場の人とのコミュニケーション活性化のために夜の二次会まで行く必要はありません。一次会で十分目的は果たせます。要はバランスです。

生産性ゼロポイント

✓ 社内で食事会に誘われても「私は行かない！」というその頑固心がムダ！

Q29

上司にズバリ、ものを言えません。どうすればいいでしょうか？

先輩社員のなかに、必要とあらば誰に対してもストレートに進言できるすごい人がいます。忖度《そんたく》なしで斬り込んで本質を突き、後腐れを残さない。相手がキレッキレのエリート上司であろうと、いるだけで周囲を萎縮させる怖い役員であろうと関係ナシです。でも、悪い印象も残らない。なぜそんなことができるのか、不思議です。私はそんなことはできないのですが、どうすればいいのでしょうか。

A

ストレートなもの言いを支える「説明力」「人間関係構築力」「アンテナ力」

人間関係を破綻させることなく、上司にズバリものが言える先輩が身近にいるとは、ラッキーですね！　その先輩のどこがすごいのか、分析してみましょう。

まず、「進言すべきは今だ」というポイントを見極める判断力や即実行に移す瞬発力、そしてそれを支える話術、これらを備えていてこそストレートなもの言いは可能になります。

でもそれだけでは、進言はできたとしても、そこまでで終わってしまう。進言の結果として組織を動かすには、周囲を「なるほどその通りだ」と腹落ちさせる「説明力」や、直球を核心に投げ込んでも後腐れを残さない「人間関係構築力」などが欠かせません。

168ページの図をご覧ください。実は「ストレートなもの言い」を成功させるには、図に示したような4層のコミュニケーション能力が求められます。

ストレートな物言いを直下で支えるのが、「説明力」、つまり要約力です。この本のなかでも、ファシリテーターを務めるとき(72ページ)や状況報告書を書くとき(87ページ)に、欠かせない力であることを既にお伝えしましたよね。

ストレートなもの言いを可能にするために必要な
コミュニケーションピラミッド

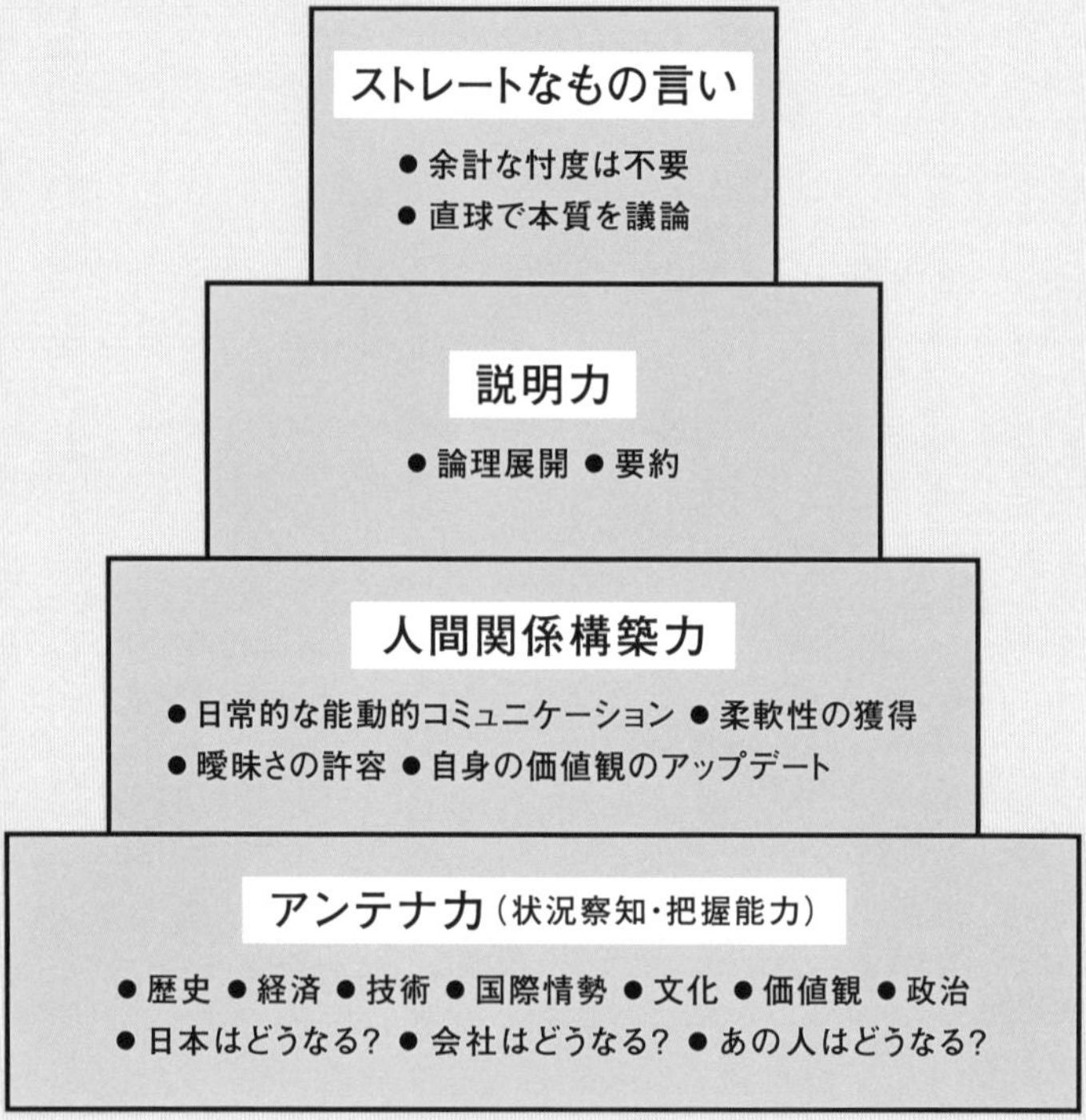

その下が「人間関係構築力」です。挨拶や雑談、トイレですれ違ったときに交わす「お疲れ様です」というやり取りなどの**日常的なコミュニケーション、自分とは異なる価値観の存在を認めつつ自分の価値観を柔軟にアップデートし続けること、あるいは、上司の朝令暮改な言動をも許容できる曖昧への耐性**とでもいうべきもの……これらが人間関係を構築する力となって、「説明力」を下支えするのです。

そして、これらすべての土台となるのが一番下の**「アンテナ力」**です。意外とできていない人も多いのではないでしょうか。歴史、地理、政治、経済、国際情勢、文化へのアンテナ……教養という言葉で言い換えてもいいかもしれません。日本はどうなる？　社会はどう動く？　この会社は？　あの人の将来は？……**世の中にアンテナを立て、状況を正しく察知する力、これが議論、言論活動のすべてのベースになっていることをお忘れなく。**

ご質問に戻りますね。上司にズバリもの申すあなたの尊敬するすごい先輩が持っているのは、「魔法の杖」ではなく、**深い教養と人間関係を構築する力、そして、それらを**

ベースにした説明力、なのです。

生産性ゼロポイント

✓ 教養をないがしろにする人には
生産性の高い議論はできない

Q30

仕事をお願いしたら断られた。どうすればいい？

仕事をお願いするとき、相手に断られないような頼み方のコツってないのでしょうか。部下に仕事を割り振るにしても外注先に依頼するにしても、その仕事をいい感じにまとめるために適材適所を考え、この人に頼むしかないという勢いでお願いしているのですが、断られてしまいました。上手に頼むにはどうしたらいいですか？

A

大事なことほど、どうでもいいフリをして頼みます

頼み事は、どんなことであっても、相手に負荷をかけることですよね。だから、頼み事をするときはなるべく深刻にならないことが最大のポイントだと思っています。

頼むほうと頼まれるほうのどちらもハッピーになるように、できるだけ明るい雰囲

気をつくり、大事なことほどどうでもいいふりをして頼む。コツと言えばこのあたりでしょうか。

私が深刻さを緩和するためにやっていることは

①　他の話のついでに頼む

どうしても相手に引き受けてほしい重要な案件Cがあったとしたら、それと一緒に**簡単に引き受けてもらえそうな軽量級の案件Aと案件Bも抱き合わせで交渉に当たります。**

「Aをお願いします」「YES」「Bもお願いできませんか」「YES」

これに続いて、「C」を「あともう一つこういう話もあるのですがいいですか」というノリで頼むと「YES」と言ってくれる確率が高くなります（「C」を単独で頼むよりも）。

逆に「A」も「B」も「NO」と言われた際には「C」はその場で話さず別の機会をうかがうようにします。

② 相手がかしこまらない場所で頼む

会議室で向かい合って話すと、どうしてもかしこまった雰囲気がでてしまうので、弊社でもコンサルフィーを決めるとき（デリケートな決めごと）は会食をしながらにすることが多いですね。**大きい金額の契約を取ってくるときほど、深刻になりがちな個室は避け、ガヤガヤとにぎやかな雰囲気の場所で話すようにしています。**

③ 最後の5分を使ってついでに頼む

1時間の商談をするとしたら、本命は最後残り5分になるまで相手に示しません。55分は相手の様子を見て、「重たいな」と感じたらその場では話さない。いけると思ったら、**「ちょっと時間がないんですけれど、これどうですかね」とチラ見せ。**「いいですねー」と興味を示されたら、「じゃ今度提案していいですか」とすかさず話を進めます。

このようなテクニックがあるにはあるのですが、**頼みごとは〝心意気〟というのが実は私の本音。熱量を感じたら仮に金額が安くても私はすべての仕事を引き受けますから。逆も然りで条件がよくても熱量を感じない仕事は受けません。**

仕事を頼むときは、「もう頼まないといけないから頼んでいる」わけですよね。仕事の依頼にはそういう側面がある。

貸し借りではないけれど、頼み込まれて「まあええわ、やったるわ」みたいなノリでコトが決まり、無理言って引き受けてもらえた側は「何かあったら言ってください、うちもやれることやりますから」と、本気で言うでしょう。その後この関係性のなかで何か頼まれたら、多少無理しても引き受けますよね。

心を込めてお願いするというのはどんな頼みごとであっても必要なことだと思っています。

生産性ゼロポイント

✓ テクニックはあるが、頼むも引き受けるも最後は心意気。心の込もらない依頼は生産性ゼロ

COLUMN
#2

私が転職するときに気をつけていたこと

転職したときのマインドは、リセットして自分を新しい会社に合わせていくことだと前述しました（※コラム1）。

では、スキルセット（仕事をする上で重要な技術や知識の組み合わせ）についてはどうでしょうか。

転職してTBS、あるいは、アクセンチュアで働く社員のみなさんがどんなスキルを持っているかを教えてもらいました。ただ、自分自身も同じスキルセットを身に付けて、教えてもらった通りにやるんだったら、その会社が私を採用してくれた意味はありません。

新しい会社になじみながらも、前職までに培ってきた自分のベースとなるスキルセットを使って、新しい職場に足りないものを開発して補う、これまでにないものを作り上げる、別のいいやり方を生み出す……ということが転職者には求められていると思います。つまり、自分のスキルを使っていかに組織に貢献するのか、自分の頭で考え、能動的に動くことが必要なのではないか。

新しい会社で働く際にはこのことも念頭にして働いてきました。つまりは文化の許容とスキルによる組織への貢献です。

一例を挙げますね。私はトヨタでデータサイエンスのスキルを身に付けていました。そんな私がＴＢＳへ転職。自動車会社の新車開発エンジニアがテレビ局の編成局マーケティング部に入社したわけです。

新しい仕事は、まったく預かり知らない領域のように見えますが、よくよく考え動いてみたら、データサイエンスの分析技術がマーケティング領域と非常に相性がいいことに気づきました。今でこそ、データサイエンスは、マーケティング分析に欠かせない技術になっていますが、当時はどの会社でも積極的に実施していなかったように思います。

テレビ局の局員として、私はいち早くデータサイエンスを取り入れたマーケティングを行いました。同じ部署の人からも異質な目で見られていましたが、製薬会社や医療系業界で使われる北欧で開発された統計解析ソフトを取り入れて他局の番組の傾向までも分析していました。その結果、今起きている問題の本質がどこにあるのかが、病原を発見するレベルでつかみやすくなり、結果的には番組のプロモーションを最適化。ドラマでは初回放送の視聴率アップという形で大きな成果をあげることができた。

転職したら、マインドはリセットして郷に従うこと。でもスキルは別。言われたことをそのままやるのではなく、自分の頭で考えて、オリジナルに動くこと。転職に限らず、部署異動の際にもぜひ、試していただければと思います。

第4章

考え込む時間がもったいない！ ムダのないアイデア発想法

アイデア出しに欠かせない情報。
現地現物、関係者から得る生情報こそが
いいアイデアを生み出します。

Q31

効率的なアイデアの生み出し方を知りたい

商品企画という仕事柄、アイデアをひねり出さなければいけないことが多いのですが、なかなかいいアイデアを思いつくことができません。アイデアを生み出そうと頭を抱え、気づいたら1日が過ぎていたということも。一瞬で思いつく人もいるのに自分って才能ないんだな、と悲しくなります。効率的にアイデアを生み出す秘訣があったら教えてほしいです。

A

あなたがアイデアを生み出せないとしたら、それは情報量が足りないからです

アイデアを生み出せるかどうかを決めるのは、脳のつくりとは関係なく、情報量ではないかと私は思っています。

だから「才能がないんだな」と悲観する必要はありません。世の中には、いいアイデアを生み出せる人と生み出せない人がいるのではなく、**情報量が豊富な人と情報量が足りない人がいるだけ。つまり、あなたがアイデアを生み出せないとしたら、情報量が足りないのだ、と考えればいいんです。**

もちろん、オモシロイことを次々に思いつく、発想力が豊かな人って確かにいます。その人はたくさんの情報を持っているのです。アイデアは何かと何かの組み合わせ。私はＴＢＳ時代に多くのクリエイターと会ってきましたが、ヒットメーカーのプロデューサーほど情報に対して貪欲な人が多いと感じていました。好奇心の塊と言い換えてもいいかもしれません。

だから、あなたのように職業柄アイデアを出すことが求められる場合は、**生活の中でも常にアンテナを立てて、情報が入ってきやすい状態をつくるといいんじゃないでしょうか。**

どんな情報を集めれば、よりアイデアに結び付きやすいかは、その人が何に携わっているのかによって違ってきます。マーケティングの仕事をしている私にとっては、世の中のボリュームゾーンにいる人たちが何に興味を持ち、どんな行動をしているのかが最大の関心事。だから私も日々それらをウォッチしています。

具体的には、移動する際にタクシーには極力乗りません。弊社の社員もタクシーは原則禁止。電車に乗り、人々の服装や持ち物を観察し、中づり広告を読み、話している内容に耳を傾ける。**街を歩いて、はやっているお店に入ったり、人を集めている場所にふらりと立ち寄ったり。**

そうやって、まずは、自分の担当商品のターゲット層の実態をつかむことが必要です。**ターゲット層と触れ合ったり感じられたりする場所に自分も行ってみて、ターゲット層の人たちがどんな服装で誰と一緒にそこに来ていて、何をしているのか、どんな会話をしているのか、自分の目と耳でしっかり生情報をリサーチしてみましょう。**

情報には、ウェブで拾える情報と、現地へ行ったり現物に触れたり、実際に当事者や関係者に会ったりすることでしか手に入らない生の情報とがあります。アイデアを出すために役立つのは断然後者です（経験談）。

日常的に現地と現物とその出来事の当事者に触れ、生の情報を収集すること。そうすれば、きっとあなたの内側からいいアイデアが湧き上がってくるはず！

生産性ゼロポイント

✓ 現地へ行き、現物・当事者や関係者に触れて生情報を得ることが、アイデア出しへの近道！

Q32

たいしたアイデアを思いつかずに、会議に出席。自分はどんな役割をすればいい？

みんなでアイデアを持ち寄る企画会議がよくあるのですが、どうしてもアイデアが浮かばずノーアイデアで参加するしかないことも。こういうときは、会議に出てもひたすら聞き役でなんだかいたたまれず、私なんかが出席する意味がないとさえ思ってしまう。こんなノーアイデアの私が果たせる役割ってあるんでしょうか。

A

誰もが斬新なアイデアを生み出す必要はありません

アイデアが煮詰まってしまうという悩みをよく聞くのですが、多くの人は「発想力豊かな、アイデアを生み出す人でありたい」と思っているように感じます。

でも、そもそも誰もがアイデアを生み出す人になる必要なんてあるのでしょうか。

アイデアを生む人、それに肉づけする人、具体的な商品に落とし込む人、テクノロジーとアイデアをつなぐ役目の技術系の人、アイデアに形を与えるデザイナー、その魅力を世の中に広く伝える人……**アイデアを生み出す人ばかりが6人いるより、それぞれ得意分野のある人が6人集まったほうがずっといいものがつくれそうな気がしませんか。**

どうしてもアイデアが思い浮かばないなら、**ノーアイデアで企画会議に出て、優秀なアイデアに乗っかっちゃえばいいんです。**そして、あなたの手持ちのとっておきの情報をすかさず提供しましょう。発想豊かな人なら、きっと食いついてきて、それをヒントに何かオモシロイ企画を思いつくはず。

情報をあなたのところで死蔵させているより、そのほうがずっと効率がいい。つまり、あなたがアイデアを生まなくても、あなたのできることや強みで企画に貢献するのです。

それから、アイデアが思いつかないときは、**過去の事例や他社の事例を情報の一つとして、どんどん参考にしてください。そこから発想が広がるかもしれません。**これまでにない斬新な何かを思いつかなくても一向に構わないのです。何かをヒントにそこから考えを発展させたり、イメージを広げたりするほうが、ゼロから何かを生み出すよりも、ずっとハードルは低くなりますよね。

私自身は、アイデアの種のようなものが浮かんだら、**すぐにスマートフォンのメモ機能を使って書き留めておきます。また、アイデア出しにつながりそうな情報を見つけたら、スマホでカシャッと撮っておく。**そして、メモやスクリーンショットをどんどんスクロールしながら、アイデア出しをします。

1枚の画像が引き金となって、アイデアがひらめくことも少なくありません。**心がちょっとでも揺れたらとにかくカシャカシャ残していきましょう！**

そして、どうしてもアイデアが浮かばないときは、私は考えるのをやめて、早朝に川沿いを散歩しに出ちゃいますね。川の流れる音を聞きながらの**散歩中にアイデアがポーンと出てくることって、わりと頻繁にあるので、お勧めです。**朝の日光を浴びながらの川沿い散歩では、幸せホルモンと呼ばれるセロトニンという脳内物質が出やすいのかもしれません。すごく頭の中がラクになります。

何でもいいので一つ、煮詰まったときに頭をラクにする方法を持っていると安心です。お持ちでない人は、まずは近所を歩いてみてください。

生産性ゼロポイント

✓ **アイデアを生み出す側でなくても大丈夫。何も浮かばない場合はアイデア豊かな人に情報提供で貢献**

Q33

磨き上げた企画を通すにはどうすればいい？

先日、事業アイデアの提案書を提出したのですが、上司に通してもらえず悔しい思いをしました。そして今回、急きょ新たに別の企画を提案することになりました。練りに練ったこの企画を、今回は何がなんでも通したいんです。どうすればこの企画を通すことができるでしょうか。

A

効率よく仕事を前に進めるために、堂々と根回しをしましょう

これは、ズバリ結論から言いますね。効率よく提案を通すために、前回首を縦に振ってくれなかった上司に、今回は根回しをしましょう。

えっ、根回しなんて、と思われましたか？　根回しというと敵を出し抜くために行うもののようなイメージがありますが、それだけが根回しではありません。**提出する前に、決定権を持つ人物に相談をして、意見をヒアリングし、それを受けてアイデアを磨き上げる。**実はこれも立派な根回しなのです。ここで言う根回しは、堂々とやるべき。あなたの「企画を押し通す」という考えには私は賛同しかねますが、あなたの熱意には賛同します。あなたの熱意を根回しして、さらにその根回し時に企画を他者に磨いてもらいましょう。あなたの企画が、提案会議までに格段によくなっているはずです。

つまり、事前にヒアリングした上司の意見がヒントになって、自分の想像を超えるアイデアが生まれる可能性が大いにあるということです。アイデアをブラッシュアップする過程は、**自分の中で完結させず、他の人の視点を入れたほうが、より手っ取り早く、よりいいものになりやすいもの。**アイデアも磨けるし、事前の合意形成もできる。やらない手はありませんよね？

ちなみに、事前に上司も一緒に考えてくれているようなホントの合意形成ができていれば、のちに、キーパーソンとなる人物へも、その上司が一緒になって話を通してくれると思いますよ。

なお、根回しを成功させるには、普段から**上司との間でよりよい関係性が成立していることが条件となります。**こちらは前項でお伝えした168ページのコミュニケーションピラミッドを参考にしてください。このなかの「人間関係構築力」が、提案を合意してもらう上で欠かせない力となります。

仕事を効率よく前へ進めるために、上手に根回しができるといいですね。

生産性ゼロポイント

✓ **根回しによる合意形成があれば懸案事項はサクサク進む**

Q34
自分のアイデアに反論。どう乗り越える？

今、ある提案書を準備しているところです。少々奇抜なアイデアに基づく提案なので、たくさんの反論がこちらへ向けられると思います。覚悟はできていますが、提案内容を正確に伝え、会議の場での説得力を示すためにも、反論には徹底的に備えたいと考えています。反論への答え方のポイントを教えてください。

A
意味のない無視していい反論と本質的でしっかり返すべき反論を見分けよう

まず反論にもいくつかの種類があるので、それをご説明しますね。大きく分けて2つあります。まずは、これを見分けていきましょう。

① 無意味な反論
(a)「ただ潰したい」「なんだか気に食わない」が動機の反論
(b)反論することで「自己顕示したい」が動機の反論
② 本質的な反論　提案内容に関する理にかなった反論

ここであなたが適切に対応すべきは②の本質的な反論だけ。①の場合は相手にする必要はありません。

①(a)の「ただ潰したい」「なんだか気に食わない」が動機の場合、反論した人が「ドリームキラー」である可能性も。会社という組織には、残念ながら、あなたの夢やアイデア、目標達成を阻害するドリームキラーが存在します。ドリームキラーの手にかかると、顧客に刺さるいいアイデアも跡形もなく潰されてしまいます。何を話しても否定されるだけの場合はドリームキラーの可能性が。**「ありがとうございます」「分かりました」と口では言いながら、スルーに徹して下さい。**

①

(b)の「自己顕示したい」が動機の場合は、**「いいアイデアをありがとうございます」と感謝の言葉を伝えましょう。**自己顕示欲はこう伝えることで十分満たされます。この人にとって、あなたの提案が採用されるかどうかはあまり興味がないことが多いので、これ以上の反論はしてこないと思います。

では、②の本質的な反論についてはどう対応するか。

こちらは反論の出そうなポイントを洗い出し、論点を見極め、思考の流れを整理するなど準備しておくことが必要です。

あなたがこういった場に慣れていないのなら、**どんな反論が出そうかを会議前に予想してみましょう。今のあなたの提案内容に矛盾がないか、突っ込みどころは残っていないか、今一度、納得感を得られる提案になっているかを厳しい目で確認してみてください。つまり、時間ギリギリまで提案内容を磨いて、自分自身でも②の反論が起きる確率を減らすことを行います。**

さらに、私がアドバイスできることは、伝え方。たとえ提案が適切で価値あるものであったとしても、会議の場で言葉に詰まったり、**反論に対して的確に言葉を返せなかったりしたら、反論を受け入れたような印象を与えてしまうもの。心配な人は、プレゼンの準備は念入りにしましょう。**あのスティーブ・ジョブズでさえも、プレゼンの練習をしてから、公の場でスピーチしていたようです。

生産性ゼロポイント

✓ 意味のない反論を相手にするのは生産性ゼロ。本質的な反論にはトコトン準備して臨む！

Q35

どうしてもアイデアが浮かばないとき、なんとかひねり出すには？

私は広告業界のクリエイティブディレクター3年目です。たいていはなんとかアイデアをひねり出すのですが、ときどき直前になってもどうしても湧いてこないことがあり、苦し紛れに適当なものを出してごまかす始末。こういうときに、無理矢理にでもいいからひねり出す発想法みたいなものはありませんか？

A

すぐに意見を聞ける異業種の知人を持とう

Ｑ31の質問でもお答えしたように、アイデアが出てこないときは情報量が足りていない可能性が大いにあるかもしれませんね。「なんとかひねり出す」という言葉にその要素を感じました。自分の頭の中に情報や人とは異なる価値観など、アイデアの素になるものがたまっていなかったら、自分の中からひねり出すのはやっぱり難しいかもしれません。

もちろん、時間さえあれば関連情報を集めたり、過去事例を参考にしたり、いろいろ打つ手はあります。でも、企画会議はもう目の前、今さらそんなことしていられない。さて、どうしたらいいのか。

自分の内側からアイデアをひねり出せないなら、手っ取り早く何かヒントになるものを外から持ってくるしかありません。

こんなとき、持つべきものは頼れる友達。社外に電話やメールで、サクッと相談に乗ってくれる、そんな――できれば異業種の――知り合いはいませんか。会社の外にこういった人間関係をつくっておくことができれば、アイデア出しの強力なブレーンがいるも同然です。昨今ではChatGPTも出てきましたが、まだとがったアイデアをAIにもらうには時間がかかりそうです。ですので、駆け込み寺のような頼れる方々とゆる友でもいいのでつながっておきましょう。

もちろん相手にとって、あなたが抱えた案件は専門外。あなたが求めているようなアイデアをピンポイントで出してくれることは多くないかもしれません。でも、カルチャーも価値観も思考のアプローチ方法も異なる異業種の人と話をするほうが、新しいアイデアのヒントを得る可能性はとっても大きいのです。

私の体験談をお話ししましょう。

トヨタからＴＢＳに転職してまもなく、私は「ＳＡＳＵＫＥ」という番組のマーケティングを担当することになりました。この番組はご存じの方もいるかもしれませんが、毎回１００人が出場し、1st、2nd、3rd、ＦＩＮＡＬの４つのステージに分かれたさまざまな障害物をアクションゲームのようにクリアしていくという、スポーツ・エンタテインメントです。日本で人気を誇っただけでなく、アメリカをはじめとした海外でも大人気で、なんと２０２８年に開催予定のロサンゼルスオリンピックでオリンピック種目の競技になる可能性が浮上しています。

しかし、私がTBS局員だった2013年当時は、「SASUKE」は局内で〝おじさんにしか見てもらえない番組〟とみなされていました。確かに世代別視聴率のグラフからも、それは見て取れましたので、視聴率の結果だけを見ると間違いではない見解です。

ただ、放映直後のTwitterをのぞいたら、若い世代が「えーっSASUKEやってたんだ」とか「マジ？ 見逃したー」といったことをつぶやいているんですね。しかも大量の投稿がありました。本当に「おじさん向け」と決めつけていいのだろうか？ そんな疑問を持った私は、SNSでの反響に加え海外での状況などいろいろ調べてみたんです。そうしたら、実は海外では若い世代が興味を持っていることが明らかになった。

特にアメリカでは子どもにすごくウケていることも分かった。そこで「日本では今たまたま若い世代に見られていない。けれども、求められていないわけじゃない」という仮説を立てたんです。見られていないのは、オンエアの日時の事前の告知が足りていないからだ、と。

このシンプルな仮説を検証すべく、そこからは、若い世代をターゲットしたプロモーション攻勢を展開。プロデューサーとタッグを組んで、他の局員になんと言われようが、若い世代に集中してPRを展開。〇A日を逆算して、子どもが体験できるサスケアトラクションを、東京・豊洲のショッピングモールの入口に造って話題換起したり、SASUKE挑戦者にSNSなどで協力してもらって「〇日に『SASUKE』やります」と周知活動をしたり。

とにかくSASUKEの放送日までにSNSを使って「いついつにSASUKEやります」といった情報を届けることに専念。今では当たり前のショート動画をいち早く取り入れるなど、若者向けにマーケティングをしたんですね。

結果は大成功。ビックリするくらい若い世代からの支持が集まり、視聴率は放送開始直後からハネ上がりました。

どうして、こんなことができたのでしょうか。

私はトヨタで問題解決のためにPDCAサイクル（Plan、Do、Check、Actionのサイクルを繰り返して業務効率を高める手法）を高速で回すことを、当然の所作としてやっていた。だから、放映直後のC（チェック）を完璧に行った。その結果、そこから新しい気づき（アイデアの種）が生み出せた、ということだと思います。

TBSはクリエイティブの会社なので、経験と勘と勢いでオモシロイものをつくることに全力を注ぐ。当時は、C（チェック）を行う文化が根づいていなかったように思います。それで誰もチャンスに気づかなかったというわけです。

このように、業種が違えば文化が異なり、価値観や思考法も当然違うものになる。**つまり、異業種の友人は、あなたに新しい視点や新しい発想を与えてくれる存在になり**

得るんです。

「こういうお題なんだけど、何か面白いアイデアない？」「なんでうまくいかないと思う？」とクイックで聞ける相手がいれば、いざというとき頼れますよね。

生産性ゼロポイント

✓ 見ている世界の異なる異業種の人の一言がアイデアをふくらませ成功を導く

Q36

アイデアの引き出しを増やしておくために、何をすればいい？

いいアイデアをどんどん連発する発想力の豊かな人って、仕事とは関係ないことについてもいろいろ詳しく知っていて、話をしていてもオモシロイ人が多いように思います。私も、そんな人になりたいです。そのためには何をすればいいでしょうか。

A

会社以外の人間関係を豊かにすることが、アイデアの引き出しを増やす

アイデアの引き出しをたくさん持っている人は、話題が豊富で話をしていてもオモシロイ人が多い。これは本当にそうですよね。いったいどこから仕入れてきたんだというような話は聞いているだけで刺激的です。

この本でも繰り返し述べていますが、アイデアの良しあしを決めるのは情報量。

発想力が豊かで話のオモシロイ人というのはたいてい、社内のメンバーが普通に共有しているニュースソースとは違うところに、豊かな情報源を持っています。だから他の人が考えつかないアイデアや斬新な切り口を提案できる。

では、どうしたらアイデアの引き出し――それも他の人が持っていない情報が入っている引き出し――を増やせるのか。

お勧めは、会社以外のコミュニティーに参加するなどして人間関係の幅を広げること。趣味の集まりでも、習い事でもボランティアでも、学生時代のサークル仲間つながりでも、地域のコミュニティーでもなんでもかまいません。

そこに集まる人は職業も業種も年齢も住んでいる場所もさまざまでしょう。だからこそ、入ってくる仕事とは関係なさそうな情報。これがあなたの引き出しを増やしていきます。

人間が集まれば、「人」を通して、鮮度の高い生の情報に触れることができますよね。
会社のパソコンのキーをどんなにたたいても、そこでやり取りされる生の情報、そのときの空気感、人々の表情、口調、雰囲気などに辿りつくことはできません。
でもその場に参加すればそれをシャワーのように浴びることができます。

コミュニティーに参加することで、企画に煮詰まったとき、電話1本で助けを求められる異業種の友人ができるかもしれない。そんな人の存在が、あなたの引き出しを増やすのです。

ここで意識してほしいキーワードは**「8、8、8」**です。

なんの数字だと思いますか？　足せば24。そうです、24時間を分割した数字です。

1日24時間。仮に睡眠を8時間、仕事を8時間としたら、**そして必ず残りの8時間を**

確保してください、あなたがオフィスの外にいる時間を、です。

私がこの本でずっとお伝えしてきたことは、生産性をアップすることで、仕事にかける8をムダのない時間にしましょうということです。

そして、減らした分は潔く自分のために使う。**仕事をさっさと切り上げ、自分の興味あることに時間を費やす、仕事以外の人たちと会って一緒に何かをする。仕事じゃない自由で気ままな8時間が結果として仕事の8時間にも好影響をもたらす。**ですので、仕事の8の生産性を向上し、さっさと退社して、そのあとはノンストレスな8時間を使うようにする。それが現地現物の情報収集にもつながるし、アイデア豊富な人への近道です。

そして睡眠時間もきっちりとってください。仕事の8時間はより効率的になるはずですから。

よく寝ると
⇦
いい仕事ができて
⇦
ストレスフリーな時間が増える
（繰り返し）

こうして仕事はどんどん楽しくなっていきます！

生産性ゼロポイント

✓ 生産性ゼロの仕事を手放せば、
アイデアの引き出しが増える。
キーワードは「8、8、8」！

COLUMN #3

さまざまな人と働くなかで、大切にしている言葉

「3カ月3年」。大学院修士課程の2回生だったときバイオサイエンスの実験装置が並ぶ研究室で、当時指導を仰いでいた教授からこの言葉を頂きました。今でもこの言葉を守っています。就職前だったこともあり、これから社会に出る能天気な若者に教えてくれたのでしょう。

新卒でトヨタに入社しエンジニアとしてキャリアをスタートさせたときも、カルチャーのまったく異なるTBSへ飛び込んだときも、外資系のコンサルティング会社・アクセンチュアに転じたときも、そして、起業して今の会社を立ち上げたときも、この言葉は常に私の心の真ん中にあります。

もっとも、その間に社会の変化スピードは高速化し続け、もはや3年間も人は待ってくれなくなってしまった。なので、「3年」を「1年」と読み替え、「3カ月1

年」を行動の基準としています。

就職や転職という転機を迎えたことを機にこの本を手に取ってくださった方は、少なくないと思います。あるいは、社内異動で部署が変わられた方もいらっしゃるでしょう。新しいフィールドでの仕事に挑戦するみなさんに、この「3カ月1年」の言葉をお届けしたいと思います。

周囲があなたに注目する最初の3カ月間。黙ってがむしゃらに頑張ってみてください。成果を出すことを急ぐ必要はありません。この3カ月で周囲に示すべきはあなたが本気で仕事に取り組む姿勢。行動し小さな成果を積み上げる。そうすればあなたを迎え入れた側の人たちにもきっと、「この人はやってくれる」と安心してもらうことができると思います。

そして1年後。この時点で示すべきは大きな成果です。大きな成果を出せて初めてあなたは真に評価される。ここで初めてあなたは自分の意見を求められる人材へと変化していることでしょう。

「3カ月1年」。

評価を味方につけてあなたが羽ばたいていけることを願って。

第5章

やる気がない…を無くす方法

やる気がなくていつもダラダラ仕事を先送り。
どうすればやる気は
湧いてくるのでしょうか。

Q37

仕事のやる気が出ないときはどうすればいいでしょうか？

仕事への意欲が湧きません。いつかやる気が出るだろうと待っていても、いっこうに湧き上がる気配ナシ。そのうちに仕事の期限がどんどん近づいてきて、いよいよというときになって、ようやく重い腰を上げ、大慌てでバタバタと処理をする。いつもこんなことを繰り返しています。どうすればやる気が出るんでしょうか。

A

やるべきものにフォーカスできるように自分をうまく飼い慣らそう

目の前にやるべきことがあるのに、目をそらして後回しにしてしまう自分。そんな自分をうまく飼い慣らして、やるべきことにフォーカスしていくことができたらいいですよね。ここではその方法を2つご紹介しますね。

①先にやったほうがトクだという事実を脳裏にすり込ませる

どうせやらないといけないこと、例えば食後の皿洗い。すぐに手をつければ簡単にきれいになるのに、放置しておいたがために茶碗についたごはんがカピカピに。これを落とすためには、水で根気よくふやかして、ある程度ふやけたところでこすり洗いをするという実に面倒な作業になってしまいます。

頭では分かってはいるんだけれどついつい先送り。これは自分にガツンと思い知らせるしかありません。一度思い切り放置し、カピカピになったところで、後始末を自分でやって、どれだけムダなエネルギーコスト、時間コストがかかるかを、自分自身に身をもって覚え込ませましょう。

頭で理解するだけでは足りませんので、まずは、その面倒な経験を感覚として自分自身に覚えさせることです。

また、子どもの頃の夏休みの宿題と照らし合わせながら考えてみましょうか。仕事もあのときの宿題と同じで、要は期限つきの課題ですよね。ズルズル先送りしても、どうせやらなくてはならないということは、夏休みの宿題でイヤというほど味わってきた。先にやったほうが断然オトクだったということは、身を持って知っているのに、いつもズルズル先送り。なんでこんなことになってしまうのか。

実は、**ギリギリになってドタバタ帳尻を合わせることを毎度毎度やっていると、先に片づけたらどれだけオトクなのかを知ることは永遠にありません！**

でも、一度でも「早めに片づける」を経験したとしたらどうでしょう。「ああ、まだやっていない」「早くやらなくては」「間に合うかな」という**期限が近づくにつれ増大するプレッシャーとストレス、そして、帳尻合わせのためにかかるコスト。これらから解放されることが、どれだけ気持ちのいいことなのか。一度実感すればきっと身をもって先に済ませることのメリットが理解できるはず。**

さっさと片づけることのコスパのよさを、理屈と経験の両面から自分自身に理解させる必要がある。そうすれば、**自分を律してコスパのいい方法を自然と選ぶことになるんじゃないでしょうか？　結局は損得勘定**です。

キーワードは「どうせやるんだから、先に済ませたほうが断然オトク！」

②やる気のスイッチが入る「何か」を用意する

①の方法でできる人はいいけれど、分かっちゃいるけどできない……という人がまだいそうなのでさらに続けますね。そんな方にお勧めしたいのが、**自分のやる気のスイッチが入る「何か」を探し当て、その力を借りること。**

私にとってのやる気のスイッチはコーヒーです。原稿を書き始める前に、必ずコーヒーを入れ、机の上に置く。立ちのぼる香り、口に含んだときの苦み。これらは自分にとって大変好ましいものなんです。そして、これを感じた時が、仕事を始める時である、と自分に覚え込ませ習慣化しているので、自動的にスイッチが瞬時に入る。脳が先ではなく行動が先。行動により脳にスイッチを入れるんです。これは心理学の世界でも有効だと言われています。

スイッチを入れたからには自分は仕事に向かうのだ、と自己暗示をかける。自分で自分を飼い慣らすと言ってもいいかもしれません。決まった行動を起点に脳にスイッチを入れるのです。脳→行動と思われる人も多いかもしれませんが、行動→脳の順でやる気を引き出しましょう。

自分を飼い慣らすルーティーンを持つことができれば、ムダなコストを減らし生産性をアップさせることができます。自分ならではの方法をぜひ見つけてください。

生産性ゼロポイント

✓ どうせやることになる仕事は
先に済ませたほうが断然オトク！

Q38

考える業務や考えない業務、分けて考える？　時間配分は？

私は午前中は頭がよく働くのに、ランチの後は霞がかかったみたいにボーッとしてしまいます。一人で動くのなら、午前中は頭を使う仕事をこなし、午後は作業的な仕事や打ち合わせなどを入れたいのですが、午前中に社内会議がドーンと入ってくる日も。そうすると、午後は使い物にならず、生産性が悪いなと思ってしまいます。どうしたらいいですか？

A

自分が最もゾーンに入る時間帯を押さえましょう！

まずは、自分が集中できる時間帯を知ることからでしょうか。朝活が推奨されていますが、実は人によって朝型、夜型かに分けられます。こうした個人差を「クロノタイプ」と言います。まずは自分が朝型か夜型かを知る必要がありますよね。ちなみに私は学生時代から夜型です。夜の方がゾーンに入りやすいんです。だからクリエティティブな仕事は夜に行うようにしています。といっても睡眠時間8時間は確保しています。

まずは、あなたがこれまで生きてきて最もゾーンに入りやすい時間帯を押さえましょう。その時間には集中力がいるクリエイティブな仕事を入れ、単純作業はそれ以外の時間に行うように、自分の特性を知った上で時間割を工夫すれば、それがベストな状態です。

ただ、仕事をしていたら、どうしても自分では時間を設定できない予定が入ってくる。これをなくすことは不可能ですから、その場合は、先ほどの行動を起点に脳にスイッチを入れる方法を活用しましょう。例えば、通勤で使う電車の行き帰りを「考える時間」として確保してしまう。電車に乗っている時間、電車のなかではアイデアを練る時間だと、自分の中で条件付けをする。そうすれば、毎日電車に乗っただけで、脳は「考える時間だ」ととらえ、さまざまなアイデアが湧き上がったり、企画がブラッシュアップされたりするようになってきます。

完璧な時間割を求めず、とはいえ、自分が朝型か夜型かは最低限見極めてから、考える業務に取り組むようにしてみてください。

ちなみに私は、日曜の夜10時にこの原稿を書いています。

生産性ゼロポイント

✓ 自分がノリやすい時間帯に
集中力のいる仕事を入れて生産性をアップ!

Q39

テレワークでついダラダラと仕事を続けてしまうときはどうすればいい？

コロナ禍を機に1週間のうち3～4日くらいがテレワークになりました。通勤時間が減って生産性が上がるかと思いきや、労働時間が以前よりも長くなってしまいました。なぜなら、ダラダラと際限なく仕事をしてしまうのです。どうしたら効率よくテレワークができるでしょうか。

A

集中力が持続し残業も防げる、小学校の時間割に学ぼう

お勧めはアラームの活用。1時間おきにアラームを鳴らして進捗をチェックする、作業的な仕事はストップウォッチを使って制限時間を課してみるなど、時間という縛りを自分に課すことで生産性を上げることができます。

よくできていると思うのは、小学校の時間割りです。短い休み時間を挟んで45分授業が午前中に４つ、昼休みのあと午後２つ。45分間であれば小学生でも集中が持続します。

５分休んでリフレッシュしたら、次は前の時間とは違う科目で気持ちも新たに集中して学ぶ。そして授業時間は最大６時間。

仕事が何本も同時進行中でうまく管理できないという人は、小学校の時間割にならってスケジューリングするといいかもしれません。小学校の時間割はそのくらい洗練されていて見習うところが多いと思います。

ダラダラと働き続けてしまうことを防ぐには、出社するのと同じスケジュールで動くという手もありますね。パソコンの前に定刻に「出社」して、定刻に「退社」する。昼休みやコーヒータイムも出社しているときと同じように過ごす。

ちょっとした工夫でテレワークの生産性は上げられます。

生産性ゼロポイント

✓ テレワークでも時間という縛りを自分に課すことで生産性アップ！

Q40

集中力を途切れさせないための方法は?

仕事中いろいろなことに気が散ってしまい、集中し続けることができません。一つの仕事に取り組んでいる最中に、他の仕事のことが気になってしまったり、チェックするだけのつもりでメールを開いてそのままネットで調べ物を始めてしまったり。集中力を途切れさせないための方法を教えてください。

A

私は机の上はコーヒーとパソコンしか置かないようにしています

大前提として人間の脳は長時間集中できるようにはつくられていない、ということがあると思います。ただ、それでも頑張れば、なんとか1時間くらいは仕事に没頭することができるのではないでしょうか。

だから、**私はコーヒーを入れて机の前に座ったら、途中でそわそわ立ち上がらず、いやでも1時間は座り続けると決めています。**

もう一つ気をつけているのが、机の上には何も置かないこと。ミニカーなどを置いている人がいますが、私は気が散ってしまうタイプです。

だから私は机の上には、ノートパソコンとコーヒーカップしか置きません。トヨタ時代に4S（整理・整頓・清掃・清潔）をたたきこまれたのですが、机の上は頭の中。だから、気が散る人はぜひ一度、机の上の4Sを。視界に気の散るモノがない状態で仕事をしてみれば、もう元の散らかった机には戻れなくなります。

それから睡眠の質も大きく影響するはずでしょう（これが最も大事かも）。**ぐっすり寝てスッキリ目覚めた後って、脳のパフォーマンスが高まっていることが実感できますよね。**その状態だと集中できるし、途切れることもなくなります。

だから質の高い睡眠は欠かせないのですが、これも個人差が大きいんですよね。まずは**自分がスッキリ目覚められる睡眠の取り方を見つける**こと。これが集中力持続のポイントではないでしょうか。脳にモヤがかかっていては、あなたのこの悩みは恐らくずっと解消しませんので、**「寝る」ことを最優先**してください。**しっかり寝ていれば、「やるべきこと」と「いらないこと」の振り分けも作業に取りかかる「前」に見えてくるようになりますから。**

生産性ゼロポイント

✓ 集中力を高めたければ
ぐっすり寝て脳のパフォーマンスを高めよう

Q41

やる気のない部下に、やる気を出させるには？

先日、部下に仕事を割り振るときに、成長してもらいたいという期待もあって、「もうちょっとできるよね」と、これまでより少々難易度の高い仕事を任せようとしました。すると、やる気を見せてくれるかと思いきや、なんと「えぇーっ、無理です。できません」と即座に拒否。やる気を出してトライしてもらうにはどうしたらいいのでしょうか。

A

「あなたのためを思って」を押しつけと感じてしまうのかも

これは悩みますね。そして実は近頃よく聞く話なんです。

もしかしたら、部下に伝えるときに「あなたの成長のため」とか「あなたなら、できるはず」などと言っていませんか？

私が経営コンサルタントとして受ける相談のなかでも「部下にやる気を出させるにはどうしたらいいか？」は、よくある悩みの一つなんです。

以前、仕事を任せるときに、「この仕事を任せるのはあなたの成長のためである」「この仕事であなたが成長することを期待している」といった類のメッセージを一緒に伝える場合と、メッセージなしでただ仕事を任せる場合、それぞれの場合の部下のやる気度についてテストを行ったことがあります。

結果はなんと、**「あなたの成長のため」というメッセージを受け取ったグループのほうが約20%やる気が落ちていました。**驚きますよね。

驚きの結果が出てしまったことを受けて、実は後日、同じようなテストを複数社で行いました。

結果は前のテストと同じ。「あなたの成長のため」というメッセージがやる気を削いでしまう、という結果に。

もしかしたら、**期待されることが重荷になってしまったり、上からの押しつけだと感じさせてしまったり**、ということなのかもしれません。

ですから、次に仕事を割り振るときには、アメとムチは使い分けながら「あなたの成長のため」メッセージはなしで、**仕事だけをシンプルに振ってみる**ことをお勧めします。

生産性ゼロポイント

✓「あなたの成長のため」というメッセージが仕事に対するやる気を削ぐ

Q42

どうせ転職するつもりなので、やる気が出ません

入社して2年ちょっとが過ぎました。今の会社にはもともと長居するつもりはなく、条件の合ういいところがあればいつでも転職するつもりでここまでやってきました。もう仕事を一通り覚えたこともあって、やる気がまったく湧きません。ここでやる気を出すのはもう無理っぽいし、そろそろ転職に向けて動き出すべきなのでしょうか？

A

前職での評価は、転職先でリセットされるわけではありません

一つの会社にとどまらず、転職してさらなる成長を目指す。これは私自身も経験してきました。新しい環境でいままでと違うことに挑戦する転職は、越境であればあるほど、困難を得る機会に自ら飛び込むわけですから、成長曲線が鈍化していた自分を急激に成長させてくれます（頑張らざるを得ない）。

だから、転職前提で今いる場所を一つのステップと捉えること自体は、まったく問題ありません。

ただ、あなたの今いる会社での過ごし方。これはちょっと気をつけたほうがいいんじゃないかな。**なぜなら、転職するときも、転職後も、今いる会社での評価や成果はついて回るものなんです。転職を機にリセットされると思っているのは大間違い。**いま、怠けてしまうと、後で痛い目に遭うことになりますよ。

まず、転職する前。あなたが現職でどんな経験を積んできたのか、どんな仕事にコミットし、そこでどんな成果を上げたのか。転職をするための面接では、何よりも、これが問われるでしょう。

やる気もなくダラダラと数カ月、1年を過ごしているあなた。転職しようにも、果たして面接で説得力のあることが話せるでしょうか。面接官の目も節穴ではありません。

私は口先だけの人をたくさん見てきましたが、人を見るプロである面接官にはバレバレです。**自分のやってきたことについて自信を持って話せる自分でいること。転職で成長したいと本気で思うのなら、きっと今の仕事も辞めるまで真剣に向き合うはずだから。**

次に転職後。運よく転職のための試験をクリアできたとしても、転職後にもう一つの大きな落とし穴が待っています。

というのも、**同一業界内での転職の場合はもちろん、異業種間であっても、前職でのあなたの働きぶりはなんだかんだで伝わってしまうもの**なんです。悪い評価もいい評価もリセットされることなく、そのまま引き継がれる、と心得てください。

つまり、前職では最後の半年間、まったくやる気がなかった人……なんてことが伝わってしまう。

今はまだ、あなたは仕事を任されているかもしれない。でも、「どうせ転職するから」と適当に仕事を流している部下がいたら、私なら真っ先にその仕事を剥がしにかかるでしょう。

お金を先払いして仕事を発注するのか、成果に応じてお金を支払うのかで驚くほど、その人の仕事への姿勢が変わります。たいていの場合、前者の場合は、最初のうちはやる気はあって、その後にはやる気がなくなります。あなたも同じではないでしょうか。現在の会社で収入が保障されているからそんなことが言えるのです。

今のあなたのような考え方は、周囲に迷惑をかけるので、私はそのような人と仕事をしようとは思いません。

よい形で転職をしたいのなら、今の仕事を退社日まで真剣に取り組むこと。もはやそれができないほどやる気を喪失してしまっているのなら、これ以上の長居は、あなたにとっても、会社にとっても無用です。改心して今の仕事に向き合ってください！

生産性ゼロポイント

✓ 転職先で評価されるために
今の仕事に最終日までコミットしよう！

おわりに

本書を最後まで読んでいただき、ありがとうございます。

いかがだったでしょうか？

『その仕事、生産性ゼロです』、少しはお役に立てたでしょうか？

あなたの役職のみならず、どの職についても結局は「自分でなんとかする力」が求められる、知識重視ではなくそんな知恵勝負の時代に移行しつつあります。

今回は、生産性やムダという言葉にフォーカスしましたが、何のために生産性を上げるのか、あるいはムダをなくすのか、これは自分のためでもあると同時に、実は誰かのためでもあります。あなたがビジネスライフを素直な気持ちでエンジョイできるようになれば、それだけで周囲との関係性もよくなり（なあなあな関係のことではない）、きっとあなたの周囲にいる誰かにまで、いい影響をおよぼすことができるようにもなっていきます。その正のスパイラルに入ることができれば、あなた自身も職場をエンジョイできるし、あなたの評価もどんどん上がっていくかと思います。

特に、長らく経営コンサルタントの仕事をしていると、活気のある職場ほど、おのおのが定時に帰り、平日のプライベートの時間を楽しんでいたり、仕事以外のライフワークを充実させていたりする社員が多く、人生そのものをエンジョイしている傾向があることが分かります。さっさと帰れる状態は、生産性を意識した上での「メリハリ」という言葉に集約されるのかもしれません。

私はこれまで、仕事柄、日本や世界の第一線で活躍されているビジネスパーソンのみならず、アーティスト、俳優、スポーツ選手にも大勢お会いしてきましたが、そんな成果を出されてきた人々には共通する考え方があったように思います。それが本書で言うところの「メリハリ」でした。

24時間仕事人間でいることは、それはそれで尊いことだと思いますが、その一方で上記のような人々は、心に余裕を持たれている人が多いと感じたのも事実です。

仕事に忙殺され続けるのではなく、忙殺されないためにも自らの生産性を上げたりムダを削減したりしてみて、仕事だけではなくライフワークまでをも楽しむ余裕を持たれてみてはいかがでしょうか？ そんな思いもあってこの本を執筆しようと思いました。

本書が少しでもお役に立てたのなら、著者としてこれ以上の喜びはありません。

また、本書を上梓するに当たっては、ここにお名前を書ききれないくらい、本当に多くの方にお世話になりました。この場を借りてお礼申し上げます。

特に執筆を陰ながら支えてくれた家族や会社の仲間に「ありがとう」の言を贈ります。

そして私を育ててくださった古巣であるトヨタ自動車、ＴＢＳ、アクセンチュア、及び数多くのクライアントのみなさまにも感謝申し上げます。

最後に、本書を手にとってくださった読者のみなさま全員に、幸せな人生が訪れるようお祈りして、筆を置かせていただきます。

２０２３年５月吉日　山本大平

山本大平（やまもと・だいへい）

戦略コンサルタント／事業プロデューサー
F6 Design株式会社 代表取締役

新卒でトヨタ自動車に入社。長らくエンジニアとして新型車の開発業務に携わる。トヨタグループのデータ解析の大会で優勝経験を持つほか、副社長表彰、常務役員表彰を受賞。在籍時には推計約300億円の原価改善を達成。

その後TBSへ転職。「日曜劇場」、「SASUKE」、「輝く! 日本レコード大賞」などTBSの看板番組のマーケーターとして活躍。さらにアクセンチュアにて経営コンサルタントの経験を経て、2018年に経営コンサルティング会社F6 Designを創業。企業／事業の新規プロデュース、マーケティング、AI活用といった領域でのコンサルティングを得意としている。近年では組織マネジメントや生産性向上におけるコンサルティングにも注力。これまでにアコーディア・ゴルフ執行役員CMO、DMM.make AKIBA戦略顧問、BNGパートナーズCMO、SCENTMATIC戦略顧問／CMOなど、大手からベンチャーまでさまざまな企業の要職を歴任／兼任中。

2021年に刊行された『トヨタの会議は30分』（すばる舎）は初著書ながらも10万部を突破。その後も著書3冊を上梓。

大阪府出身、京都大学大学院卒。
趣味はアウトドア、野球。

その仕事、生産性ゼロです

2023年6月19日　第1版第1刷発行

著者	山本大平
発行者	佐藤珠希
発行	株式会社日経BP
発売	株式会社日経BPマーケティング 〒105-8308　東京都港区虎ノ門4-3-12
ブックデザイン	小川絢子（ESTEM）
本文デザイン・制作	但野理香（ESTEM）
イラスト	ヤギワタル
編集	平林理恵、飯泉 梓（日経xwoman編集部）
印刷・製本	図書印刷

ISBN 978-4-296-20213-3